Dein Augenblick

CHIEMGAU

Die Qualität eines Augenblicks hängt vom Blickwinkel ab. Wir zeigen dir Aussichten, für die sich der Anstieg lohnt, und verraten, wo du die besten Ansichten im Chiemgau erlebst.

Legende

Skulpturenweg Obing

Abseits der Touristenströme liegt der Obinger See im Chiemgauer Norden. An dem kleinen aber feinen Gewässer verbindet sich Naturerlebnis mit Kunst- und Kultureindrücken. **Seite 28**

Seeoner See – Bansee – Seeleitensee

Im Chiemgauer Norden eifert der Seeoner See der Pracht des großen Bruders Chiemsee nach. Zwar deutlich kleiner geraten, doch definitiv einen näheren Blick wert! **Seite 34**

Lienzinger Moos

In direkter Nachbarschaft des Chiemsees liegt ein weiteres Kleinod unter den bayrischen Moorlandschaften. Diese Runde führt uns gemütlich durch dessen Wasser-, Wald- und Wiesenlandschaft. **Seite 52**

Eggstätt-Hemhofer Seenplatte

Dass sich nahe des Chiemsees noch eine ganze Seenplatte befindet, wissen nur die wenigsten Besucher. Gut so, denn so können wir deren Besonderheiten in Ruhe erkunden. **Seite 58**

Alz-Runde

Die Alz, die wir hier ein Stück begleiten, ist der nördliche Abfluss des Chiemsees. Sie schlängelt sich in ausgedehnten Schleifen durch die wunderschöne Landschaft. **Seite 40**

Seebruck – Burghamer Filz

Eine Moorlandschaft direkt am Chiemsee wartet hier darauf, von uns erkundet zu werden. Ein besonders schöner Aussichtspunkt präsentiert uns die Eindrücke auf dem Silbertablett. **Seite 46**

Bad Endorf – Langbürgner See

Der Langbürgner See westlich des Chiemsees sorgt schon durch seine verwinkelte Topografie für Abwechslung und Perspektivenreichtum. Um so besser, dass noch eine tolle Umgebung hinzukommt! **Seite 64**

Gocklwirt – Simssee

Der Simssee ist der gar nicht mal so kleine Bruder des Chiemsees im Westen. Natur und Wanderfreuden lassen sich hier dank traditionsreicher Wirtshäuser mit bayrischer Gemütlichkeit verbinden. **Seite 72**

9

Gstadt – Prien / Stock – Fraueninsel
Unterwegs im Herzen des Chiemgaus – so fühlt es sich an, hier im Nordwestwinkel des Chiemsees bei der Fraueninsel. **Seite 78**

Prien – Bernau

Mitten im Touristentrubel kann es auch schön sein – das beweist diese Tour am Chiemsee-Westufer.
Seite 84

Kampenwand – der Nordanstieg

Das steinerne Wahrzeichen der Chiemsee-Region ist dank Technik leicht erreichbar. Viel schöner ist es, es per pedes anzusteuern. **Seite 90**

Die Hochplatte 1587 m über den Staffn-Rundweg

Auf dem Panoramabalkon mit Weitblick in alle Richtungen steigen wir zur Hochplatte, der Nachbarin der Kampenwand. **Seite 96**

Im Kendlmühlfilzen

Direkt am Fuß der Berge gelegen und mit einer Aussichtsplattform in seiner Mitte versehen verspricht das Kendlmühlfilzen eine besondere Vielfalt an Eindrücken. **Seite 102**

Lachsgang

Zwischen Wasserwelt und Bergwelt befinden wir uns auf dem Lachsgang, einem bemerkenswert schönen Rundweg am Chiemsee-Südufer. **Seite 108**

Ising – Chieming

Hier an der Ostseite des Chiemsees treffen Tourismus und Freizeitspaß auf Landwirtschaft und stille Natur – eine reizvolle Mischung, die es sich zu erwandern lohnt! **Seite 120**

Tüttensee – Kleierweg

Mit wenig Zeitaufwand und Anstrengung eröffnet uns der östlich des Chiemsees gelegene Tüttensee tolle Landschaftsbilder. **Seite 126**

Chieming – Marwang

Die ganze Größe und Weite des Chiemsees und seiner Umgebung erleben wir auf dieser Wanderung an seiner Ostseite. **Seite 114**

Hochgern 1744 m, Schnappenkirche 1100 m

Die Schnappenkirche und die Gipfelkapelle am aussichtsreichen Hochgern geben den grandiosen Landschaftsbildern eine unverwechselbare Note.
Seite 132

Fellhorn

Der südwestliche Vorposten der Chiemgauer Alpen erfordert einen Hupfer nach Österreich und dankt es mit einer grandiosen Aussicht.
Seite 138

Unternberg 1425 m

Auch in erschlossenem Tourismus-Terrain kann es richtig schön sein. Der Unternberg bei Ruhpolding ist der beste Beweis dafür. **Seite 156**

Gurnwandkopf – Hörndlwand

Auch im romantischen Chiemgauer Drei-Seen-Gebiet gibt's knackige Felszapfen – diese Zweigipfeltour beweist es. **Seite 162**

Auf den Hochfelln 1674 m

Eine wunderschöne Wanderrunde auf den „Seilbahnberg" zwischen Ruhpolding und dem Chiemsee. **Seite 144**

Hochberg

Der Hausberg von Traunstein bietet alles, was eine gute Aussichtsloge braucht: schnelle Erreichbarkeit, abwechslungsreiche Umgebung und tolle Blicke in die Chiemgauer Berge. **Seite 150**

Saurüsselkopf 1270 m

Dieser markante Zipfel verbirgt sich tief in den Chiemgauer Bergen und belohnt den etwas längeren Aufstieg mit tollen Landschaftsein-drücken. **Seite 168**

Auf das Dürrnbachhorn

Wer weit hinein nach Tirol und bis in die Zentralalpen schauen möchte, ist mit diesem Gipfel im „Klein-Kanada" des Chiemgaus gut beraten. **Seite 174**

Streicher 1594 m, Zenokopf 1603 m

Schon recht alpin geht es am Streicher und Zenokopf zur Sache. Intensiv sind auch die Natureindrücke hier inmitten der Chiemgauer Alpen. **Seite 180**

Rund um den Tachinger See

Der östlich des Chiemsees gelegene Tachinger See kann zwar nicht in Sachen Größe mit dem berühmten Bruder konkurrieren, reicht ihm aber ansonsten durchaus das Wasser.
Seite 186

Hochstaufen 1771 m, Mittelstaufen 1618 m, Zwiesel 1782 m

Ein langer Atem ist bei dieser alpinen Grattour gefragt. Auch weil so mancher Blick hier atemberaubend ist. **Seite 206**

Mühlberg – Waginger See

Ganz im Osten wird der Chiemgau nochmal richtig malerisch. Und auch in Sachen Kultur, Sport und Spaß lässt es der Waginger See an nichts fehlen. **Seite 192**

Schönramer Filz

Auch wenn das Schönramer Filz sich im östlichsten Winkel des Chiemgau verbirgt: So schnell und leicht erreichbar wie hier ist eine Urlandschaft von filmreifer Schönheit wohl selten.
Seite 198

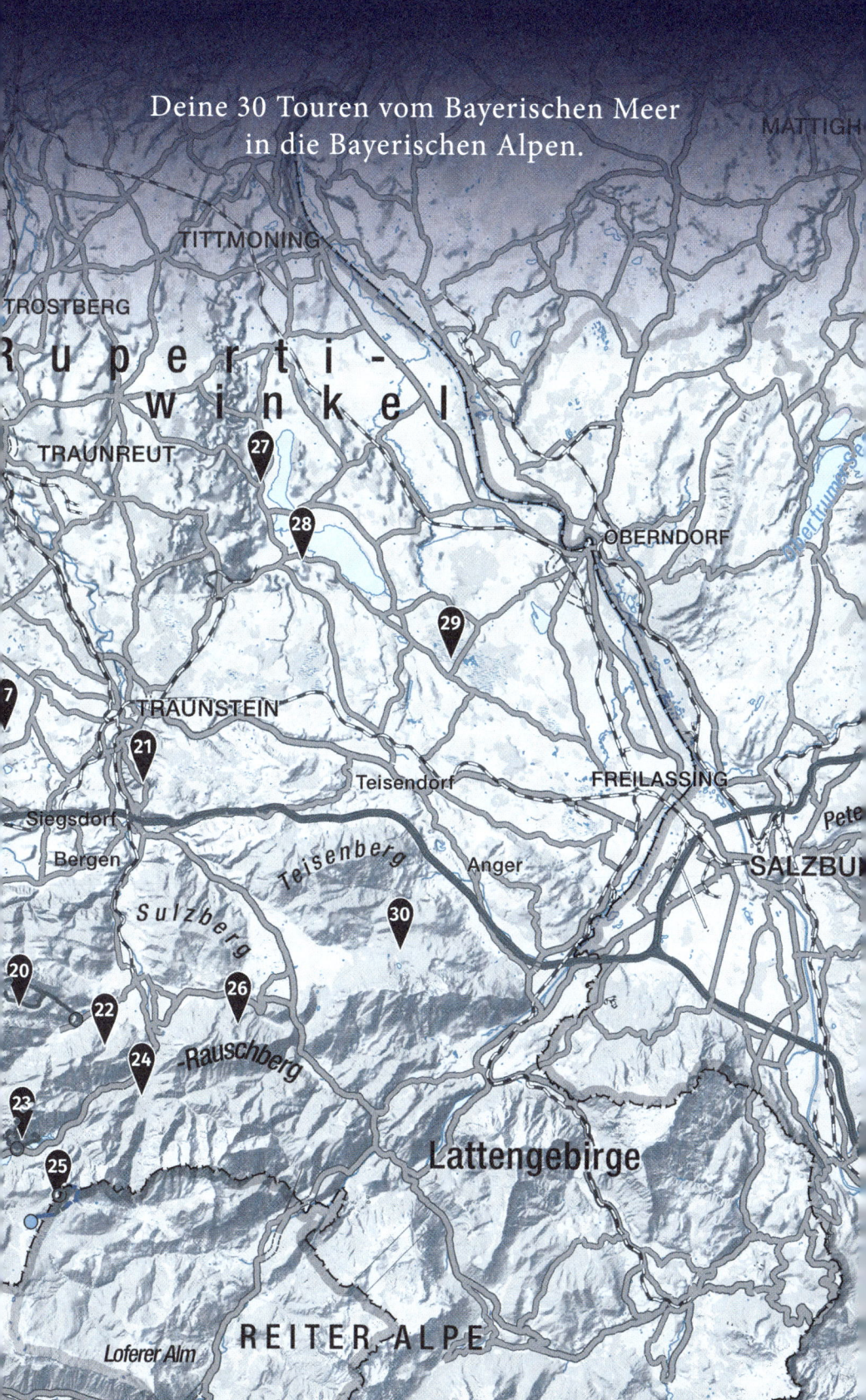

Deine 30 Touren vom Bayerischen Meer
in die Bayerischen Alpen.

Moderne Seilschaft

Es sind aufstrebende Fotografinnen und Fotografen, die dich gemeinsam mit versierten Bergsteigern an dein Ziel führen. Erfahrung und Tatendrang treffen sich mit der gemeinsamen Sehnsucht nach den beeindruckendsten Augenblicken im Chiemgau.

Sabrina von Bein

Michael Perschl

Sabrina von Bein ist gebürtige Oberbayerin und im schönen Landkreis Altötting zu Hause.

Ihren Instagram-Namen „die_raubritterin" trägt Sabrina nicht ohne Grund, ihre

Erfahrung zählt, Leidenschaft besteht

Vorfahren waren tatsächlich Raubritter, das aber merkt man der sympathischen Oberbayerin nicht an. Seit der Kindheit ist sie von der Fotografie fasziniert und lichtet alles ab, was ihr vor die Linse kommt. Sie ist ein Bergmensch durch und durch, vor allem das Bayerische Meer – der Chiemsee – zählt zu ihren Lieblingsspots.

Sie wandert zu den schönsten Berggipfeln und Aussichtspunkten, um dort mit Leidenschaft die besonderen Momente der Sonnenauf- und untergänge fotografisch festzuhalten.

„Viele meinen, man müsse weit reisen, um beeindruckende Landschaften zu sehen. Ich möchte mit meinen Fotografien den Menschen die Augen öffnen und ihnen die Schönheit unserer Natur daheim wieder näherbringen."

Michael Perschl wurde in Traunstein am Chiemsee geboren und lebt in Waging am See. Über seine erste Digicam kam er zur Spiegelreflex und damit zur professionellen Fotografie. Nach dem Fußball fand er im Bergsteigen eine neue Leidenschaft, die

Stephan Bernau

sich optimal mit der Fotografie kombinieren lässt. „Am spannendsten ist es für mich im Gebirge, wo man unterschiedlichste Naturschauspiele erlebt. Sein Tipp: „Neue Perspektiven probieren und aus der Hocke fotografieren, mit der Blende der Kamera spielen, Bildern mit unscharfem Vordergrund mehr Tiefe geben!"

Seitdem **Stephan Bernau** als Kind einen Bildband über die Berge sah, lassen sie ihn nicht mehr los. Vor einer Weile hat er auch seinen Wohnsitz an den Rand der Bayerischen Alpen verlegt, um der Freiheit, die auf den Bergen wohnt, jederzeit nah zu sein. Seine Lieblingsdisziplin sind die guten, alten klassischen Hochtouren, aber auch fürs Trekking, Kraxeln und Wandern

ist er jederzeit zu haben. Neben dem Unterwegssein in Bergen und schöner Natur mag er es, als freiberuflicher Blogger, Autor und Lektor an Texten, Sätzen und Formulierungen zu feilen.

Weitere Fotos in diesem Buch stammen von **Thomas Kargl @maxlsbilderbuch, Lennart Artinger @lennart_artinger, Richard Scheuerecker @richardscheuerecker, Melanie Haas und Florian Wimmer @mountainsides_** . Ihnen allen herzlichen Dank!

Tourenbeschreibungen haben auch **Walter Theil und Monika Göbl** beigesteuert. Vielen Dank!

Deine Verantwortung

KOMPASS will dir mit diesem Wanderführer die Schönheit und Einzigartigkeit der Natur vor Augen führen. Hierfür wurden ganz besondere Orte ausgewählt. Sie gewähren dir einen atemberaubenden Blick auf die einzigartige Komposition aus natürlichen Strukturen und Elementen der jeweiligen Landschaft. Manchmal ist für das Auffinden der perfekten Perspektive ein Extraschritt auf schmalem Steig oder in weglosem Gelände erforderlich. Gerade hier gilt es sich eigenverantwortlich und respektvoll gegenüber der Natur und den Mitmenschen zu verhalten. Die Umwelt zu schützen und den eigenen Fußabdruck minimal zu halten ist Ehrensache.

Einen Moment für die Ewigkeit festzuhalten ist nichts wert, wenn wir die Natur für die Ewigkeit zerstören.

Ehrensache

Respektiere die Berge, die Natur mit ihrer Schönheit und die Gefahren.

Am Berg zählt das Miteinander. Gegenseitige Hilfe und Gemeinschaft wiegen mehr als das perfekte Gipfelfoto.

Versuche mit öffentlichen Verkehrsmitteln oder mit dem Fahrrad anzureisen.

Gehe kein Risiko ein. Du willst deine Geschichten schließlich noch erzählen können.

Nimm mehr Müll mit, als du auf die Berge bringst. Beteilige dich am Schutz unserer Umwelt.

Hinterlasse keine Spuren. Das Ökosystem der Berge ist fragil und erholt sich nur langsam.

„Plastik, Dosen und Papier,
sind den Bergen keine Zier.
Trägst du sie voller bis hierher,
trägst du sie heimwärts auch nicht schwer."

Deinen Augenblick festhalten

Fotografieren im Freien

Intention

Was will ich mit einem Bild ausdrücken oder festhalten? Zuerst sollte man sich überlegen, was man eigentlich als Ergebnis haben möchte. Danach sollte sich die Ausrüstung und der Bildaufbau richten. Es muss nicht gleich die komplette Profiausrüstung sein, um den Moment für die Ewigkeit einzufangen. Schon aus Gründen der Sicherheit sollte ein Handy mit am Berg sein. Die meisten Handykameras reichen für erste Fotoversuche vollkommen aus. Seit Bilder nicht erst aufwendig entwickelt werden müssen, kann man einfach drauflosschießen. Vor jedem Versuch sollte eine Überlegung und ein Bildkonzept stehen. Kennt man erst die Möglichkeiten und Grenzen seiner Kamera, sollte man an eine umfangreichere Ausrüstung denken. Denn jedes Objektiv, Stativ und jeder Filter hat auch sein Gewicht. Passend dazu gibt es auch einen Spruch, den man sich zu Herzen nehmen kann: „The best camera is the one that's with you" – „Die beste Kamera ist die, die man dabei hat."

Ausrüstung

Bei der Wahl der Ausrüstung muss sich jeder fragen, was er für ein Ergebnis erzielen will. Hier ein paar grundlegende Informationen: Ein Weitwinkel-Objektiv eignet sich gut für Panorama- und Landschaftsaufnahmen. Ein Objektiv mit einer klassischen Brennweite von 35 – 70 mm eignet sich, um Personen oder Ausschnitte einer Bergszene in den Vordergrund zu stellen. Die Grundregel für die Belichtungszeit ist mindestens die doppelte Brennweite. Wird der Wert unterschritten, kann ein Stativ hilfreich sein. Wenn man es etwas professioneller

angehen möchte, sollte man sich auch Gedanken über die Bildbearbeitung machen. Eine Kamera, die im RAW-Format fotografieren kann, ist dann durchaus sinnvoll. In diesem Format werden nämlich deutlich mehr Bildinformationen gespeichert und dies ermöglicht eine feinere Bildbearbeitung mit der entsprechenden Software. Wichtig ist, dass du deine Ausrüstung kennst und beherrschst. Spiele mit den Einstellungen und Möglichkeiten deiner Kamera. Bevor du deine Ausrüstung für eine Tour packst, mach dir eine kleine Checkliste: Genügend Akku (Ersatzakku, Powerbank), genügend Speicherplatz (Ersatzkarten) und versichere dich, dass Akku und Speicherkarte auch wirklich in der Kamera sind.

Komposition und Bildaufbau

Neben dem gewählten Bildausschnitt und dem Motiv ist das Licht die alles entscheidende Komponente. Für ein gutes Foto heißt es zur richtigen Zeit am richtigen Ort zu sein. Bei vollem Sonnenschein ist mit Gegenlicht und harten Schatten zu rechnen. Wolken, Morgen- und Abendstimmungen eignen sich grundsätzlich besser. Plane deine Tour so, dass du trotzdem sicher zurückkommst und eventuell eine Stirnlampe dabei hast. Im Infokasten „Dein Moment für die Ewigkeit" verraten wir Tipps und Tricks wie man Spannung in Bilder bekommt und der Moment perfekt festgehalten wird. Die Kamera zeigt dir den Aufnahmestandort und die Blickrichtung.

Dein Moment für die Ewigkeit

Dein Chiemgau
Landschaft, Geschichte, Infos

„Mondnacht am Chiemsee" nannte der große Heimatdichter Ludwig Thoma seine Ode ans nächtliche „Bayrische Meer". Ein anderer berühmter Bayern-Ludwig war ähnlich angetan: Ludwig der II., der in der Herreninsel des Chiemsees einen würdigen Ort für sein „zweites Versailles" fand. Jetzt könnte man einwenden, dass zu Zeiten dieser Herrschaften im 19. Jahrhundert ja alles viel naturbelassener gewesen sei. Das mag schon stimmen, doch wer sich aufmacht und die Region näher erwandert, wird auch heute noch hier und da feststellen: „Hoppla, das sieht ja wie im Märchen

und den endlosen Freizeitmöglichkeiten. Du hast die Wahl, auf deiner Tour durch die Berge und Landschaften. Die Vielfalt spiegelt sich in unserer Tourenauswahl wider: vom gemütlichen Lustwandeln an der Seepromenade bis zur actiongeladenen Grattour auf alpinen Gipfeln ist alles vertreten. Wer will, kann im Chiemgau Wassersport wie Surfen, Segeln oder Schwimmen mit Bergsport kombinieren – und zwar ohne Stress und weite Wege.

Auch lassen sich viele der Touren abseits der sommerlichen Hochsaison ohne be-

„Ich bin allein. Und wonnetrunken ergeb ich mich der stillen Pracht"

aus". Ja, auch heute noch möchte man zuweilen Gedichte schreiben und Schlösser errichten, um den Zauber dieser Gegend einzufangen.

Vor allem zu Sonnenauf- und untergang sind so einige großartige Bilder entstanden. Zu diesen Zeiten ist in den Moor-, See- und Berglandschaften die Wahrscheinlichkeit für „großes Kino" hoch. Oder auch und gerade ins Hier und Jetzt kommen. Und wenn du genug vom Zeitreisen hast, genießt du die Annehmlichkeiten der Gegenwart, wie beispielsweise die hervorragende Infrastruktur mit ihrer tollen Gastronomie

sondere Ausrüstung gut durchführen – einige sogar im Winter. Extreme Höhenunterschiede sucht man allerdings vergeblich. Der Chiemgau ist nicht bekannt für seine alpinen Superlative, sondern für landschaftlichen Liebreiz mit wildromantischem Anstrich. Zwar können sich Sportler auf vielerlei Arten herausfordern, doch die alpinen Wanderer stellen eher die Schönheit und das Gesamterlebnis als die Zahlen und Daten einer schweren Tour in den Vordergrund. Und sehen eine Landschaft, die oft von Mutter Natur extra für ihre Augen designt und eingerichtet scheint. Viel zu schade jedenfalls, um sie nur als Sportgerät zu sehen …

Dein Augenblick

Tourenbeschreibungen

1 Natur und Kunst am Obinger See

Unter den vielen Chiemgauer Seen ist der Obinger Naturbadesee ein kleines aber feines Exemplar. Natur- und Kulturlandschaft sind hier mit künstlerischen Elementen vereint. Und da der See in weniger als einer Stunde zu umrunden ist, bietet er die größte Eindrucksvielfalt in kürzester Zeit.

Bilder von: Florian Wimmer & Melanie Haas
@mountainsides_

Skulpturenweg Obing

Tourencharakter
Spaziergang auf sehr guten Fußwegen und ruhigen Teerstraßen. Immer wieder Ausblicke über den See und die Berge.

Start und Ziel
Obing, Parkplatz an der Minigolfanlage und dem Vereinsgelände des TV Obing.

Schwierigkeit: **leicht** - mittel - schwer
Dauer: **0:45 h**
Länge: **3,2 km**
Aufstieg **2 hm**
Abstieg **2 hm**

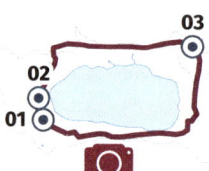

Höhenlinienmodell mit Streckenverlauf

Höhenprofil

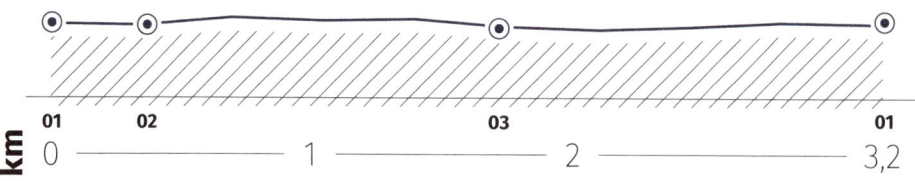

Nur wo du zu Fuß warst, bist
du auch wirklich gewesen.

Johann Wolfgang von Goethe (1749–1832)

▶ Der Skulpturen-Rundweg führt direkt
an unserem Parkplatz **01** vorbei. Wir folgen ihm in Richtung Uhrzeigersinn um
den See, starten also in Richtung Ortsmitte
und kommen am Gasthof Oberwirt **02** auf
die Hauptstraße. Nach rechts wandern wir
aus dem Ort heraus und biegen bei der Kapelle dann nach rechts in den Seerundweg
ein. Wir sehen bald rechts schon die ersten
Kunstwerke und erreichen die Häuser von
Pfaffing.

Wir gehen vor bis zur Kienberger Straße
und biegen auf ihr rechts ab. Bald wird sie
zur Seestraße, der wir auf einem bequemen Bürgersteig folgen können. Vorbei
am Schwimmbad Obing wandern wir weiter und treffen bald darauf in Jepolding **03**
ein. Durch den Ort und ein kurzes Stück
danach geht es noch parallel zur Straße entlang, doch bald treffen wir auf den schönen
Fußweg 📷, der uns nun etwas abseits und
nahe am Ufer um den Rest des Sees und zurück zu unserem Parkplatz **01** führt.

Dein Moment für die Ewigkeit

Besonderheiten vor Ort

Warum einen Abstecher zum Obinger See, wenn der Chiemsee doch so nah ist? Im Obinger See tummeln sich auffallend viele verschiedene Fischarten, daher ist er bei Anglern sehr beliebt. Was er für Fotografen interessant macht: Hier blühen weiße und gelbe Seerosen, die dir ein Motiv bieten.

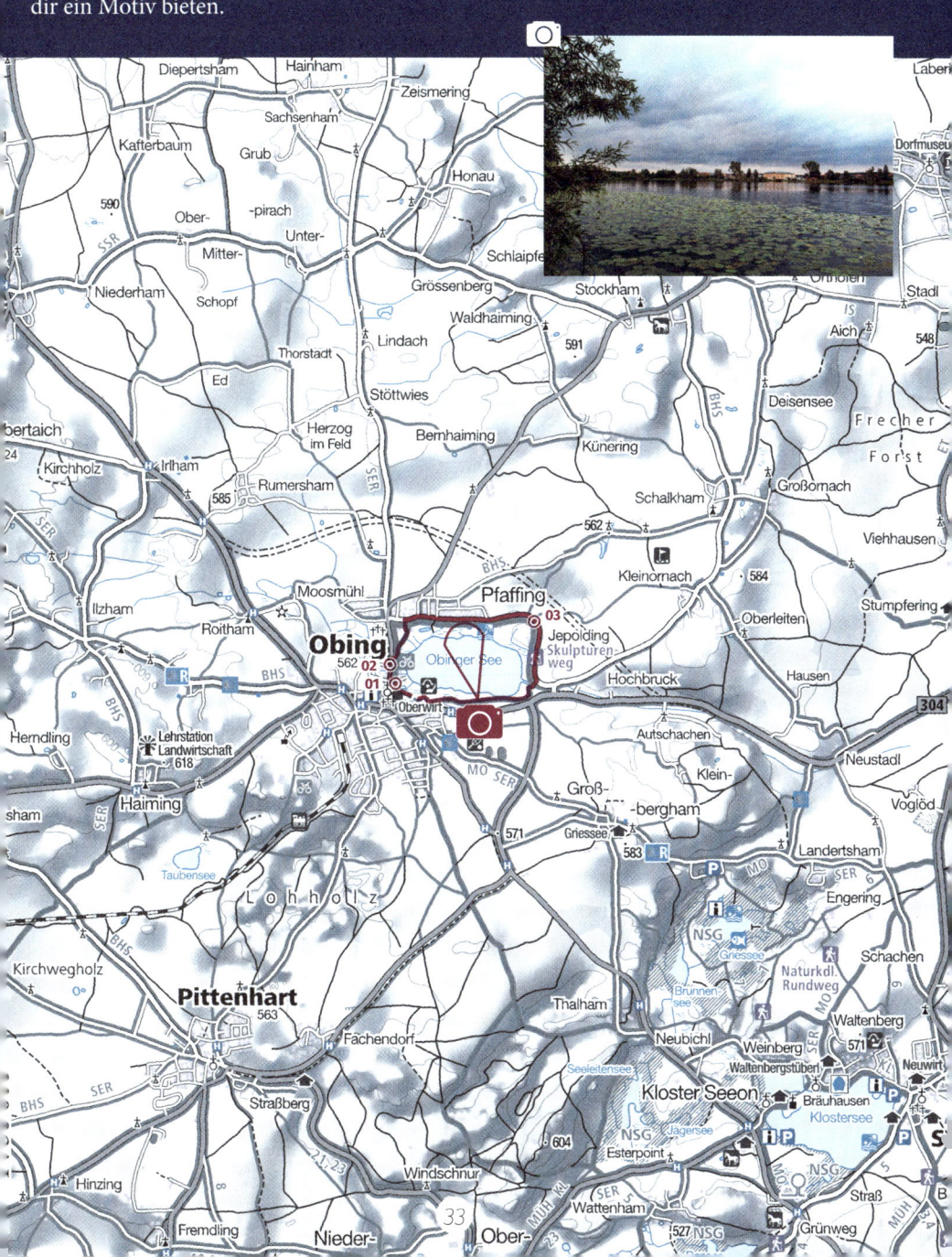

2 Stille zwischen Seen und Kloster

Das Kloster Seeon setzt sich mit der Wasser-, Wald- und Wiesenlandschaft zu einem Bilderbuchmotiv zusammen. Hier im nördlichen Chiemgau prägen Weite und Offenheit das Landschaftserlebnis, die Berge begnügen sich mit einer Nebenrolle als dezenter Hintergrund.

Bilder von: **Sabrina von Bein**
@die_raubritterin

Seeoner See – Bansee – Seeleitensee

Tourencharakter
Eine sehr ruhige Wanderung auf wenig begangenen Wegen. Teilweise auf Teerstraßen, meist auf Feld- und Waldwegen. Festes Schuhwerk ist empfehlenswert.

Start und Ziel
Seeon, Parkplatz Kloster Seeon.

Schwierigkeit: **leicht** - mittel - schwer
Dauer: **2:00 h**
Länge: **9,1 km**
Aufstieg **49 hm**
Abstieg **49 hm**

Höhenlinienmodell mit Streckenverlauf

Höhenprofil

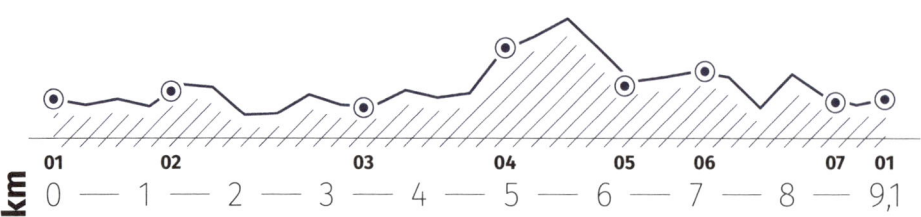

Harmonisch eingebettet in das Wasser und die Landschaft liegt das Kloster Seeon.

Mach nur die Augen auf, alles ist schön!

Ludwig Thoma, bayerischer Erzähler, Dramatiker und Lyriker (1867–1921)

▶ Wir starten am Parkplatz des Klosters Seeon **01** 📷 und gehen nach links auf einem Pfad an der Straße entlang, bis an der gegenüberliegenden Straßenseite ein Reiterhof erscheint. Nach diesem überqueren wir die Straße und gehen in die Straße zum Grünweg hinein. An der folgenden Gabelung nehmen wir die linke Straße und gehen hinunter zum See, links am See entlang erreichen wir den darauffolgenden Bansee **02**. Auch ihn passieren wir und wandern entlang des Schwellgrabens bis wir, schon in Sichtweite des Ortsschildes Pavolding, auf einen rechts abgehenden Feldweg treffen. Auf diesem setzen wir unseren Weg fort. Vorerst führt er uns über die Felder und Wiesen, dann in ein Waldgebiet hinein. Der Weg führt nun nach links, bis wir an einer

Weggabelung rechts abzweigen. Bis unser Weg in eine Fahrstraße mündet halten wir uns an Abzweigungen immer geradeaus. In die Straße biegen wir nach rechts ab. Vor uns sehen wir bereits das Anwesen Hammerschmiede **03**. Dahinter geht's die Straße hinauf nach Oberbrunn.

In der Ortschaft biegen wir Richtung Pittenhart ab. Vorbei an der Gärtnerei gehen wir bis zum Wegweiser nach Windschnur. Hier rechts und danach links den Weg hinauf zum Wald **04**. Wir treffen auf eine Forststraße und gehen nach rechts. Bald mündet von links ein Weg, wir halten uns rechts. Dann gabelt sich der Weg und wir nehmen den Abzweig links. Die nächsten beiden Wege münden von links, wir halten uns beide Male rechts. Bei den beiden dann von rechts und von links kommenden Wegen halten wir uns jeweils geradeaus und erreichen so den Waldrand.

An der Abzweigung **05** wenden wir uns in spitzem Winkel nach links in Richtung Obing/Grießsee. Wir passieren ein Schild Naturschutzgebiet und einen rechts abzweigenden Pfad, um dann rechts in den folgenden Waldweg einzubiegen. Rechter Hand kommt ein fast verlandeter See ins Blickfeld, etwas weiter dann der Seeleitensee. An dessen Ende gabelt sich der Weg nochmals, wir halten uns rechts und kommen bei Thalham **06** auf die Teerstraße. Wir gehen weiter rechts zur Hauptstraße, überqueren diese und nehmen den Weg nach links unten zum Wegweiser. Wir entscheiden uns für den Wiesenweg nach Seeon. Mit Hilfe eines Stegs überqueren wir den Moosbach, erreichen den Waldrand und gehen nach links hinein. Bald zweigt ein Weg nach Neubichl ab, wir gehen geradeaus weiter, erreichen eine Teerstraße und wenden uns nach links. Wir bleiben auf der Teerstraße und gehen hinaus aus dem Wald.

Wunderschön ist der Blick von hier auf das Kloster und den Seeoner See. Beim Wegweiser Weinbergrunde biegen wir rechts ab und folgen dem Weg am schilfbestandenen Seeufer entlang bis zur Mozarteiche **07**. Weiter über den Jägerbach auf dem Mozartweg zum Klosterweg, der nach links zum Parkplatz beim Kloster Seeon **01** führt, wo sich unsere Runde schließt.

Die Pfarrkirche St. Lambert geht in ihren Grundmauern auf das 11. Jh. zurück.

Dein Moment für die Ewigkeit

Farbmangel?

Das Wetter und das Licht ist gar nicht wie du es dir für dein Foto erhofft hast? Deine ersten Bildversuche wirken kontrastlos und langweilig? Gut, dass du es erkannt hast, jetzt kannst du dem bewusst entgegenwirken. Suche dir Farbe, suche dir Kontraste und konzentriere dich ganz auf den Bildaufbau.

3 Zu Lande und zu Wasser an der Alz

Eher lieblich als wild geht es bei dieser Erkundung einer urigen Kultur- und Flusslandschaft zu. Für die besondere Würze ist dank der Flussüberfahrt im traditionellen Holzkahn gesorgt.

Bilder von: **Richard Scheuerecker**
@richardscheuerecker

Alz-Runde

Tourencharakter
Abwechslungsreiche Wanderung auf Feldwegen, Schotterstraßen und wenig Teerstraßen; für die Überfahrt mit der Alzfähre ist es ratsam, sich vorab zu informieren, ob die Fähre in Betrieb ist.

Start und Ziel
Truchtlaching, 515 m; Parkplatz an der Alzbrücke beim Infostand.

Schwierigkeit: **leicht** - mittel - schwer
Dauer: **04:30 h**
Länge: **14,2 km**
Aufstieg **68 hm**
Abstieg **68 hm**

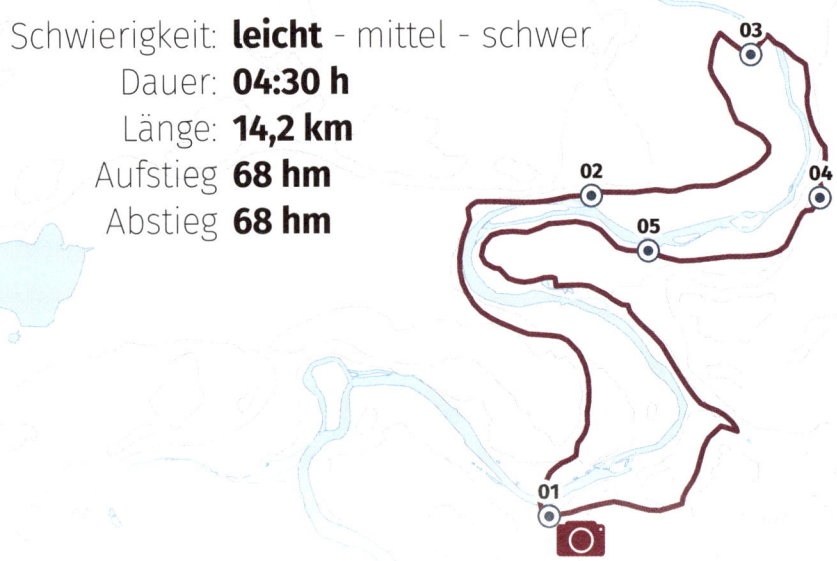

Höhenlinienmodell mit Streckenverlauf

Höhenprofil

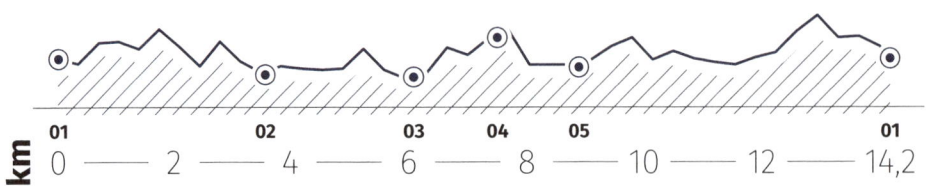

Bei jedem Schritt mit der Natur bekommt jemand weit mehr als er sucht.

John Muir, schottisch-amerikanischer Naturphilosoph,
Entdecker, Ingenieur, Geologe und Umweltschützer (1838–1914)

▶ Vom Parkplatz in Truchtlaching **01** überqueren wir die Straße und wandern die Wehrländer Straße entlang, dem Wegweiser Poing folgend. Kurz vor den letzten Häusern wenden wir uns nach links und steigen in einer Serpentine eine kleine Anhöhe in Richtung Poing hinauf.

Der Weg führt nun am Waldrand entlang immer mit Blick auf die Alz und ihre Auen. Wir treffen bald auf den Feldweg, der von Ried herunterkommt, und gehen weiter etwas oberhalb der Alz. Sie teilt sich hier und umfließt eine lang gestreckte Insel. Wir wandern hinauf bis zur Abzweigung nach Höllthal **02**. Der Weg dorthin folgt dem Lauf der Alz. Wir kommen an der Höllthalmühle vorbei und gehen weiter an einer Straßenverzweigung geradeaus beim Hof Brandl vorbei und folgen in einiger Entfernung zur Alz ihrem Bogen.

Der Feldstraße, auf die wir treffen, folgen wir nach rechts. Nach kurzer Strecke erreichen wir den Gasthof Roiter **03**, wo man unter Obstbäumen eine Rast einlegen kann.

Die Familie betreibt auch die Alzfähre. Mit diesem traditionellen Holzkahn lassen wir uns gegen ein Trinkgeld übersetzen und wenden uns am anderen Ufer nach rechts.

Durch Offling **04** wandern wir an der lebhaften Straße entlang und biegen dann Richtung Niesgau **05** wieder hinunter ins Alztal ab. Die vor uns liegende Wanderstrecke ist von hier aus schön zu überblicken. Wir schreiten gemütlich auf einer Schotterterrasse – in die sich die Alz eingegraben hat – dahin. An Niesgau gehen wir rechts vorbei und folgen auf unserem Weg dem Lauf der Alz, halten uns bei der ersten Abzweigung rechts, bei der nächsten links und bei jeder weiteren rechts. So erreichen wir die Wiese an der Spitze der Landzunge, wandern weiter auf dem Weg am Waldrand und schließlich wieder in den Wald hinein. Gegenüber den gelben Gebäuden des „Alzschlosses" von Poing treffen wir auf den Betonplattenweg, der von Niesgau herüberkommt. Auf ihm erreichen wir die Staatsstraße 2095, der wir ein paar Meter nach rechts folgen, bis wir sie am Wegweiser nach Ebering überqueren. Auf einem Waldweg geht's bergauf bis zu einer weiteren Teerstraße. Hier wenden wir uns nach rechts und erreichen bald Truchtlaching **01** 📷.

Dein Moment für die Ewigkeit

Spiegelungen

Der Reiz einer Spiegelung liegt oft darin das Motiv so einzufangen, dass man auf den ersten Blick nicht erkennt, welcher Teil gespiegelt wird. Für eine schöne Spiegelung braucht man glattes Wasser, man muss nahe ans Wasser gehen und das Bild halbieren. Bei diesem Bild sieht man auch in den See. Das reduziert zwar die Spiegelung, bringt aber die smaragdgrüne Farbe ins Spiel.

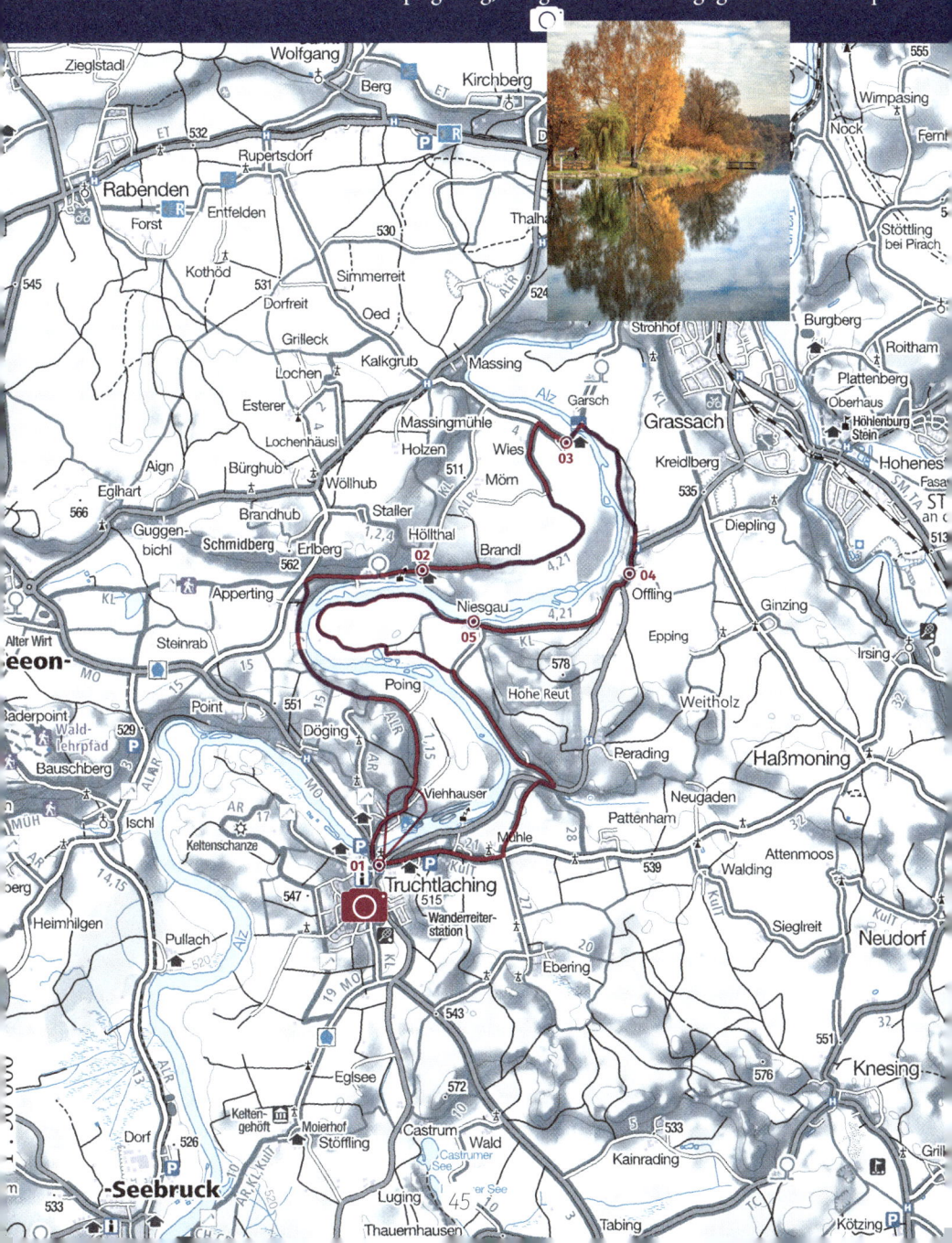

4 Schönheit, Kunst und Kontraste – am Burghamer Filz

Der See mit seinen bezaubernden Stimmungen begleitet uns auch auf dieser Tour. Zudem geht es auf den Spuren der Torfstecher durch ein Moor, das sich im Zuge seiner Renaturierung in eine echte Urlanschaft zurückverwandelt.

Bilder von: Sabrina von Bein
@die_raubritterin

Seebruck – Burghamer Filz

Tourencharakter
Leichte Rundtour ohne spürbare Höhenunterschiede. Abwechslungsreiche Strecke auf Rad- und Gehwegen, verkehrsarmen Nebensträßchen und Naturwegen.

Start und Ziel
Seebruck, Parkplatz an der Traunsteiner Straße, gegenüber vom Landungssteg.

Schwierigkeit: **leicht** - mittel - schwer
Dauer: **3:00 h**
Länge: **11,0 km**
Aufstieg **45 hm**
Abstieg **45 hm**

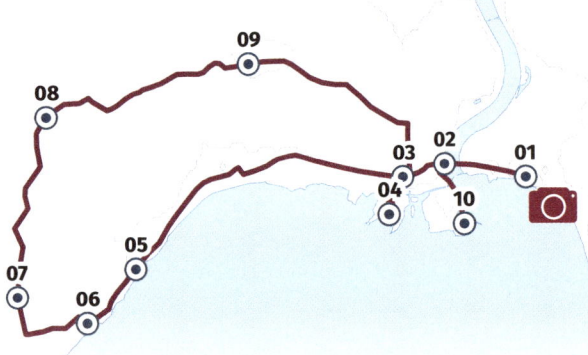

Höhenlinienmodell mit Streckenverlauf

Höhenprofil

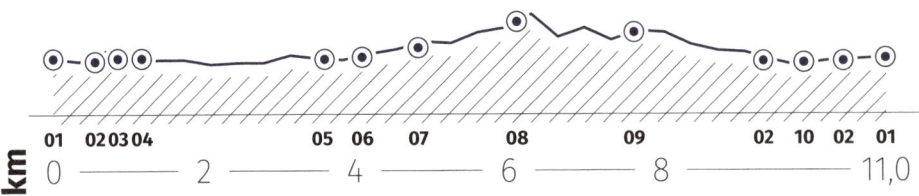

Ich mag diesen Ort und könnte gerne meine Zeit darin verschwenden.
William Shakespeare, englischer Dramatiker (1564–1616)

Die Stege und Bootshäuser in Seebruck locken mit großartigen Aussichten und Abendstimmungen.

Seebruck ist ein Ort der Kontraste. Neben der Naturidylle sind es die antiken Schaustücke und die zeitgenössische Kunst, die den einstigen Römerort Bedaium zum Anziehungspunkt machen. Die überlebensgroßen Skulpturen entlang unseres Weges sind vor dem malerischen Hintergrund der Burghamer Filzlandschaft besonders reizvoll.

▶ Vom Parkplatz **01** überqueren wir die Straße und gehen vom Landungssteg 📷 – vorbei am Kunstwerk Keltenboot – Richtung Alzbrücke. Nach deren Überquerung beim Seehotel Wassermann **02** vorbei zum Römermuseum und Rathaus. Nach ein paar Metern machen wir linksseitig einen Ab-

stecher zur Vogelbeobachtungsstation beim Kurpark. Dort ist auch das markante Kunstwerk Chiemsee-Art **04** aufgestellt. Zurück und nach links auf einen Kiesweg durch die Wiesen am Schilfufer entlang. Auf der asphaltierten Römerstraße gelangen wir ans Ortsende und wandern auf einem Kiesweg mit herrlichen Ausblicken über den See in die Berge weiter. Mehrmals können wir den breiten Kiesweg, der parallel versetzt zur Autostraße verläuft, verlassen und auf eine schmalere Fußgängerpromenade ausweichen. Wir passieren das Chiemsee Camping Lambach **05** und das Hotel Lambach, stoßen wieder auf Asphalt und kommen beim Hotel Malerwinkel **06** an. Herrliche Lage am Ufer mit fantastischem Blick.

Wie eine Startrampe in die Chiemgauer Berge wirkt der Dampfersteg in Seebruck.

Nach ein paar Metern der Straße entlang biegen wir rechts in die Straße Richtung Eggstätt ein, folgen ihr einige Hundert Meter und biegen bei der Wegkapelle Straßham erneut rechts ab. Angekommen in Straßham **07** halten wir uns rechts (Wandererschild) und gelangen wenig später auf einer breiten Forststraße in den Wald. Wir überqueren mehrere Lichtungen, teils mit Seeblick, passieren eine Abzweigung, die nach rechts zum Chiemseeuferweg weist, und wandern durch eine wunderbare, einsame naturbelassene Filzlandschaft. Wir kommen schließlich zur Informationstafel „Burghamer Filz" und zu einem überdachten hölzernen Aussichtsturm **08**, der zu einer Pause einlädt und herrliche Ausblicke über diese grandiose Naturwelt eröffnet. Der Weiterweg führt uns aus dem Wald heraus, rechts schöne Fernsicht zu den Bergen und stellenweise blitzt der See hervor. Wir treffen auf Häuser und gelangen kurz darauf über offenes Wiesengelände nach Burgham **09**. Der Chiemsee zeigt sich wieder in voller Pracht und wir gehen, vorbei an einem Marterl, zur Wasserburger Straße. Dort biegen wir rechts auf den Gehweg und sind kurz darauf in Seebruck. Wir überqueren die Vorfahrtsstraße, halten uns links und biegen dann rechts ab zum Uferweg. Vorbei an der Tourist-Info stoßen wir wieder auf die Römerstraße, der wir links folgen. Vor dem Seehotel Wassermann **02** bietet sich noch ein kurzer Abstecher rechts zum Seeufer **10** mit der überlebensgroßen Wanderer-Skulptur an. Zurück und rechts über die Alzbrücke erreichen wir den Start- und Zielpunkt am Parkplatz **01**.

Dein Moment für die Ewigkeit

Sonnenuntergang und Silhouetten

Der Sonnenuntergang kann dir nicht nur spektakuläre Farben liefern, das Gegenlicht schafft auch die Möglichkeit auf Silhouetten. Als Gegenspieler zu den intensiven Farben der Sonne lassen sich, so wie hier mit Steg und Bootshaus Silhouetten erzeugen. Je dunkler du belichtest, um so klarer wird die Silhouette.

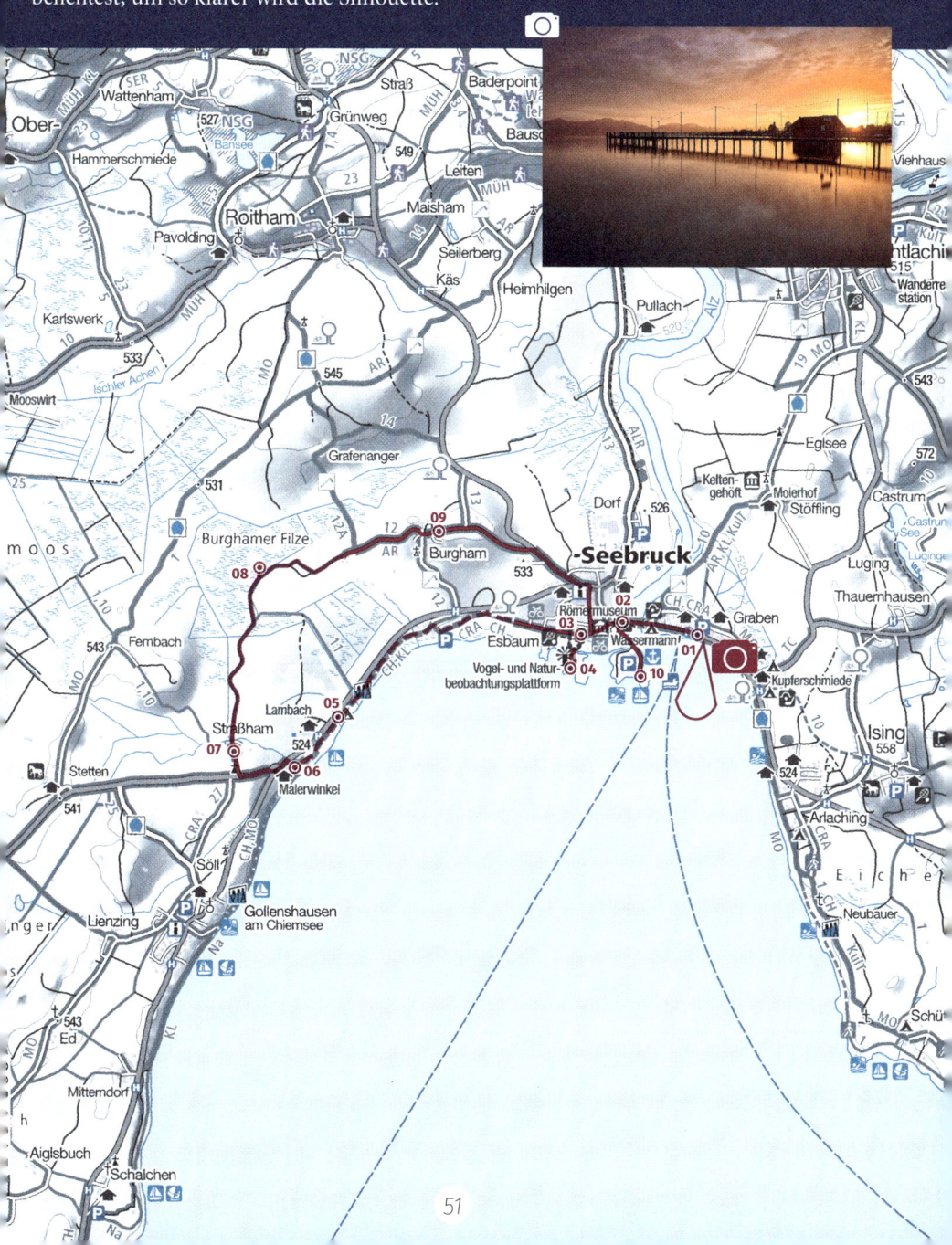

5 Zwischen Seen und Inseln

Das Wasser mit seinen vielen Gesichtern prägt diese Wanderung zum Lienzinger Moos. In etwa so wie hier, als Spiegel für ein festliches Farbenspiel des Chiemsees. Oder eher indirekt, als Landschafts- und Biotopgestalter im Untergrund eines von ihm durchtränkten Moorbodens.

Bilder von: **Lennart Artinger**
@lennart_artinger

Lienzinger Moos

Tourencharakter
Leichte Wanderung auf guten Wegen, teils auf Teerstraßen, im Wald und im offenen Gelände mit schönen Ausblicken über den Chiemsee und seine Inseln.

Start und Ziel
Gollenshausen, 521 m; Parkplatz Badeplatz.

Schwierigkeit: **leicht** - mittel - schwer
Dauer: **3:30 h**
Länge: **12,6 km**
Aufstieg **37 hm**
Abstieg **37 hm**

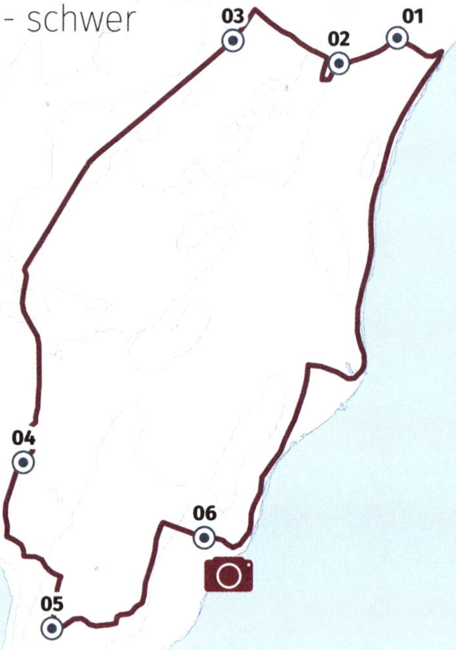

Höhenlinienmodell mit Streckenverlauf

Höhenprofil

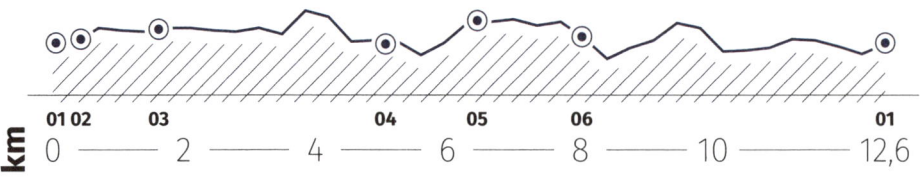

Zur „Blauen Stunde" schimmert der Chiemseenebel in Pastellfarben.

Glaube mir, du wirst mehr in Wäldern finden als in Büchern.
Bäume und Tiere werden dich lehren.

Bernhard von Clairvaux, Abt und Mystiker (um 1090–1153)

▶ Vom Parkplatz in Gollenshausen **01** starten wir mit einem kurzen Stück auf der Hauptstraße und wenden uns dann nach rechts, um dem Wegweiser nach Lienzing zu folgen. In Lienzing **02** halten wir direkt auf ein großes schön bemaltes Bauernhaus zu und biegen nach links ab. Am Ortsende folgen wir den Wegweisern zum Lienzinger Moos. Die Straße schlängelt sich an einem Hof vorbei, wird zum Feldweg und führt nun geradeaus ins Moorgebiet. Bald erreichen wir ein Hinweisschild nach Breitbrunn, und wir biegen nach links ab.

Wir betreten den Wald und biegen beim Wegweiser Grundloser See **03** nach rechts über eine kleine Brücke rechts ab. Nach ein paar Schritten liegt das dunkle Seeauge vor uns. Weiter wandern wir auf einem schnurgeraden Weg durchs Moos. Bei einem Reiterhof nehmen wir die Teerstraße (Mooshappener Straße) Richtung Breitbrunn **04** (Wegweiser). Dort treffen wir auf die Eggstätter Straße und gehen in Richtung Kirche. Nach Überquerung der lebhaften Durchgangsstraße betreten wir bei der Bushaltestelle den Fußweg zum Chiemsee. Ihm folgen wir zwischen den Wohnhäusern hindurch bis nach Mühln.

Vor dem Ortsteil biegen wir links ab und wandern die Anhöhe hinauf. Bald können wir auf den Plötzinger Höhenweg links einbiegen. An der nächsten Querstraße biegen wir rechts nach Weingarten **05** ab. Dort nehmen wir den Weg nach Gstadt. Bis dorthin begleitet uns die herrliche Aussicht über den Chiemsee mit seinen Inseln.

Vom Aussichtspunkt über Gstadt **06** wandern wir hinunter zum See **O** und folgen dem Chiemsee-Uferweg zurück nach Gollenshausen **01**. Beim Restaurant Seehäusl befindet sich der Weg hinauf in den Ort und zurück zu unserem Fahrzeug.

Dein Moment für die Ewigkeit

Geradlinig und mittig

„Wer die Regeln kennt, darf sie brechen." Versucht man normalerweise eine annähernde Drittelung eines Bildes, so wirkt das Bild durch die genaue Teilung in der Mitte. Der Horizont ist genau auf der Hälfte des Bildes angesetzt und der Steg läuft genau ins Zentrum des Bildes. Die Spiegelung der Wolken verstärkt den zentrierten Effekt.

6 Spuren der Eiszeit in der Seenplatte

Die Chancen auf ein Stillleben wie hier im Bild stehen bei dieser Wanderung durch einen ganzen Fleckenteppich an Seen ziemlich gut. Außerdem lässt sich bei dieser Tour die eiszeitliche Entstehungsgeschichte der Landschaft sehr anschaulich begutachten.

Bilder von: **Lennart Artinger**
@lennart_artinger

Eggstätt-Hemhofer Seenplatte

Tourencharakter
Einfache Wanderung auf ebenen Wegen, teilweise muss man auf Teerstraßen ausweichen.

Start und Ziel
Eggstätt, 539 m; Parken beim Hartseebad oder in der Nähe vom Rathaus.

Schwierigkeit: **leicht** - mittel - schwer
Dauer: **3:00 h**
Länge: **10,2 km**
Aufstieg **22 hm**
Abstieg **22 hm**

Höhenlinienmodell mit Streckenverlauf

Höhenprofil

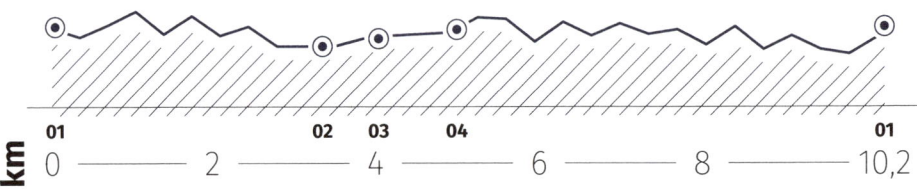

Solche mystisch angehauchten Szenen lassen sich in der Eggstätter Seenplatte häufig einfangen.

Sonnenschein ist köstlich, Regen ist erfrischend,
Wind stützt uns, Schnee ist berauschend;
es gibt wirklich kein schlechtes Wetter,
nur verschiedene Arten von gutem Wetter.

John Ruskin (1819–1878)

▶ Ausgangspunkt für diese Wanderung ist der gebührenpflichtige Parkplatz am Hartseebad am nördlichen Ende von Eggstätt 01. Wir wenden uns nach Westen in Richtung Seebad. Am See angekommen biegen wir nach links in den Hartseerundweg ⭕ ein und wandern am östlichen Ufer nach Süden.

Bald treffen wir auf die Römerstraße. Sie durchquert das Seengebiet von Ost nach West. Wir folgen ihr nach rechts. Kurz danach nehmen wir die Abzweigung nach Hartmannsberg. An den folgenden zwei Weggabelungen halten wir uns jeweils links und erreichen den Kesselsee. Mehrere Bänke laden zum Verweilen ein. Weiter geht's dann bis zum Parkplatz bei Schlicht. Nach einer kleinen Strecke entlang der stark befahrenen Hauptstraße – vorbei am Schloss Hartmannsberg 02 – können wir in Richtung Hemhof rechts abbiegen.

Kurz vor Hemhof fällt links der Wall eines Osers (Bestandteil der Grundmoränenlandschaft) auf. Der Ort selbst liegt auf einer Schotterfläche, auf der wir nun weiterwandern.

Am Ortseingang von Hemhof **03** zweigt in einer scharfen Linkskurve der Mitterweg nach rechts ab. Wir bewegen uns zwischen dem Schlosssee und einer bewaldeten Anhöhe. Sie ist bereits eine Randmoräne des Inngletschers. Links vor uns kommt der etwas erhöht gelegene Ort Stephanskirchen **04** in Sicht.

Von dort bietet sich ein wunderbarer Blick über das Seengebiet mit Schloss Hartmannsberg. Am vor uns liegenden Waldrand errei-

chen wir wieder eine Querstraße, in die wir nach rechts einbiegen. An der nächsten Weggabelung halten wir uns rechts und bei der darauffolgenden links. Dieser Weg führt uns zwischen Kautsee und Einbessee hindurch. Bald stoßen wir auf den Hartsee-Rundweg. Wir wenden uns nach links und wandern nun an der Westseite des Hartsees entlang. Am Nordende des Sees biegen wir auf den Radweg nach rechts ein und erreichen kurz danach wieder rechts den Wanderweg, der uns zum Seebad nach Eggstätt **01** zurückbringt.

Dein Moment für die Ewigkeit

Langzeitbelichtung

Von einer Langzeitbelichtung spricht man normalerweise ab einer Belichtung von einer Sekunde. Dadurch entsteht bei ruhigen Verhältnissen die spiegelglatte Oberfläche des Sees, die ein klassisches Langzeitbelichtungsmotiv ist. Neben einer geschlossenen Blende kann man auch einen Graufilter zu Hilfe nehmen, um die Belichtungszeit zu verlängern.

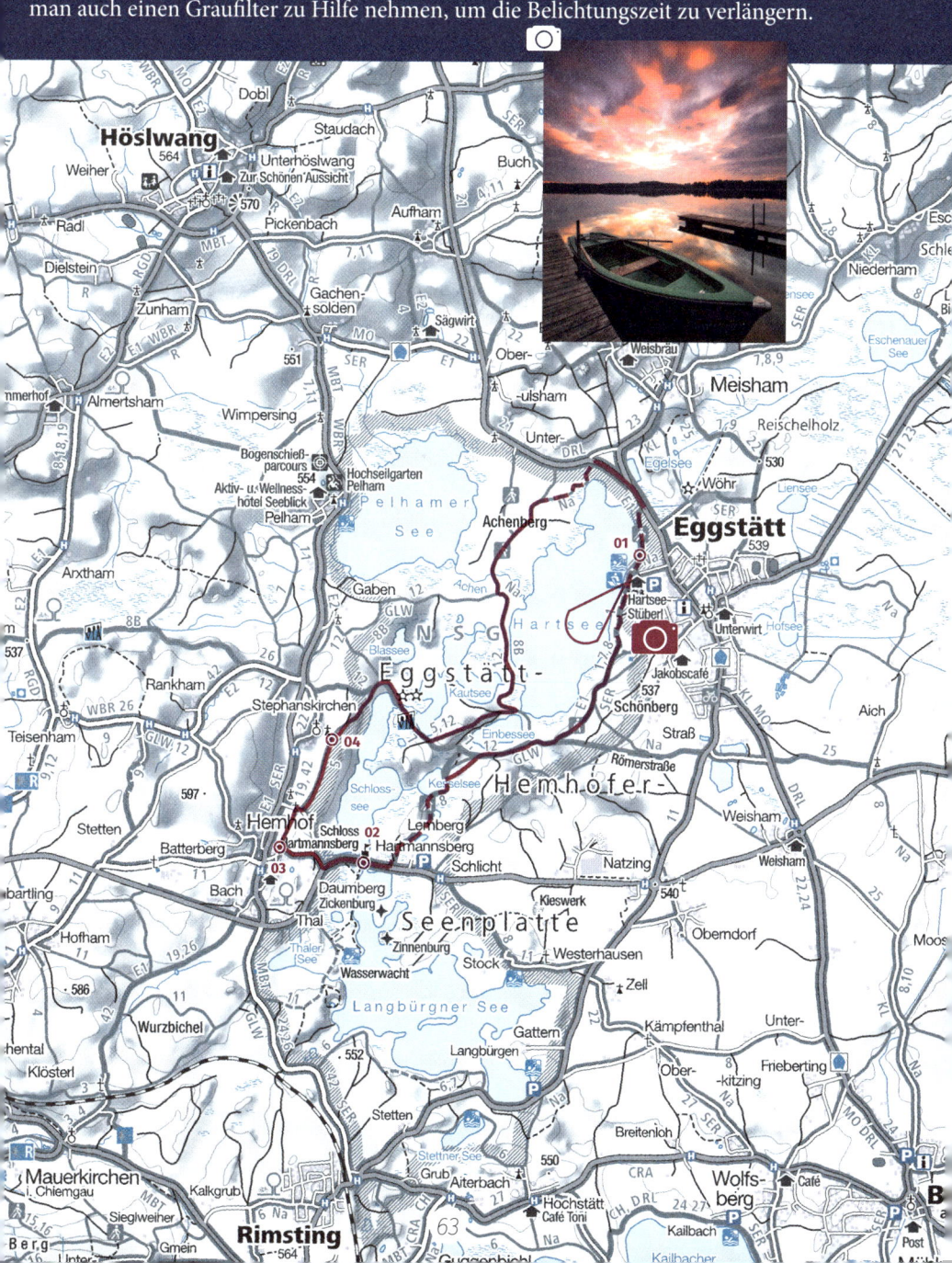

7 Der verwinkelte Langbürgner See

„Verweile doch! Du bist so schön!", möchte man diesem Augenblick am Langbürgner See zurufen. Zwar wird er leider der Aufforderung nicht nachkommen, doch immerhin wiederholt er sich gar nicht so selten und lässt sich mit einem kühnen Sprung vom Steg in seiner Intensität noch ein wenig steigern.

Bilder von: **Lennart Artinger**
@lennart_artinger

Bad Endorf – Langbürgner See

Tourencharakter
Schöne Panoramatour auf meist stillen Wegen zu einem beliebten Badesee.

Start und Ziel
Bad Endorf, Parkplatz beim Kurzentrum Chiemgau-Thermen oder Parkplatz hinter dem Fohlenhof an der Ströbener Straße.

Schwierigkeit: **leicht** - mittel - schwer
Dauer: **3:00 h**
Länge: **10,5 km**
Aufstieg **189 hm**
Abstieg **189 hm**

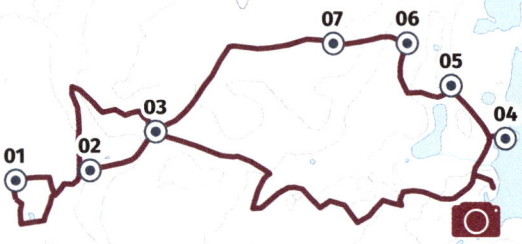

Höhenlinienmodell mit Streckenverlauf

Höhenprofil

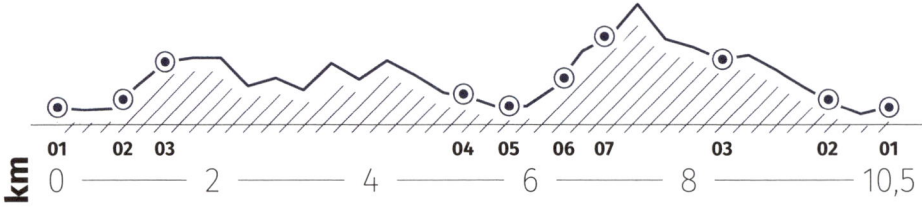

▶ Wir starten bei den Chiemgau-Thermen in Bad Endorf **01** und folgen der Markierung 11 auf der Ströbinger Straße. Den Bauernwirt passierend bringt sie uns zur St 2092, über die Bahnbrücke und leicht bergan in die Hofhamer Straße **02**. Kurz nach dem Ortsschild Hofham biegen wir bei einer Verzweigung **03** rechts ab (Mark. 11, Langbürgner See). Der Asphalt endet bald und wir wandern auf Kies über offenes, aussichtsreiches Gelände mit tollem Bergblick. Am Waldrand halten wir uns links und folgen der Beschilderung zum Langbürgner See **◯**. Nach dem Waldstück schwenken wir bei der nächsten Kreuzung nach rechts.

Es folgt freies Wiesengelände mit schöner Bergsicht, bis wir erneut den Waldrand erreichen. Der Weg (Mark. 11) zweigt links ab und führt in den Wald hinein. Bei einer nicht beschilderten Kreuzung folgen wir links den grünen Punkten und Pfeilen an den Bäumen.

Der etwas sumpfige Weg verengt sich zunehmend zu einem verwachsenen Pfad und bringt uns nach einer Bergab-Passage auf einen breiteren, grün markierten Weg, dem wir nach links folgen. Dem nächsten kreuzenden Forstweg folgen wir wieder links (Mark. 11) und achten dann wenig später auf die scharfe Abzweigung

nach rechts in einen schmalen Pfad. Dieser bringt uns zu einer Asphaltstraße, der wir kurz links folgen, um erneut rechts auf einen Waldweg abzubiegen. Nach leichtem Auf und Ab erblicken wir unter uns den See.

Es geht ein Stück zurück und rechts hinunter über eine Holzbrücke. Bald ist rechts die Hütte mit Steg am Badeplatz zu erken-

nen, wenig später zweigt die Markierung 11 scharf rechts ab Richtung Badeplatz Langbürgner See **04**.

Nach dem Abstecher folgen wir dem breiten Forstweg zurück, bis wir bei Thal **05** die Autostraße überqueren und links, vor den Häusern, einem Sträßchen leicht abwärts folgen. Der Asphalt geht in Kies über und wird wieder zu Asphalt, bevor wir auf die

Dein Moment für die Ewigkeit

Ausgewogen belichtet

Treten starke Kontraste wie die Helligkeit der Sonne mit dem im Schatten liegenden Steg auf, sind Bildbereiche entweder über- oder unterbelichtet. Speziell dafür ist die Speicherung im RAW-Format wichtig. In einem Fotobearbeitungsprogramm kann man die Bildinformation der sensiblen Bereiche wieder hervorholen. Im HDR-Modus passiert genau das, sofern die Kamera diese Funktion besitzt.

Straße treffen, der wir rechts nach Hemhof 06 folgen. Am Brandlwirt vorbei verlassen wir die Hauptstraße nach links, passieren das bekannte Kleinkunst-Gasthaus Kramerwirt und verlassen den Ort leicht ansteigend auf der Straße Ledererberg.

Über die aussichtsreiche Höhe mit herrlichem Bergpanorama geht es auf dem kaum befahrenen Sträßchen an Batterberg 07 vorbei nach Hofham zurück. Bei der Verzweigung 03 mit dem Hinweg halten wir uns rechts nach Eisenbartling/Ortsmitte

und biegen bei den letzten Häusern links in den markierten Panoramaweg ein. Mit herrlicher Sicht über Bad Endorf bis zum Simssee gelangen wir zurück zur Hofhamer Straße 02 und zur Eisenbahnbrücke.

Nun folgen wir dem Fußgängerweg, der uns leicht ansteigend nach oben leitet. Über ein paar Stufen abwärts sind wir auf der Kurstraße, gehen rechts an einem kleinen See vorbei zum Fohlenhof und dort rechts zu den Chiemgau-Thermen, unserem Ausgangspunkt 01.

Ich habe mir meine besten Gedanken ergangen und kenne keinen Kummer, den man nicht weggehen kann.

Søren Kierkegaard, dänischer Philosoph und Theologe (1813–1855)

8 Entlang des Simssees

Am Südufer des Simssees finden wir neben solchen verträumten Weilern und üppigen Wiesen auch einen Vogellehrpfad, zwei Seeba-deplätze und viel aussichtsreiche Natur. Gleich am Ausgangspunkt beim Gocklwirt geht es los mit Interessantem: Kuriose Antiquitäten, alte Maschinen und die weltgrößte Kunstuhr.

Bilder von: Lennart Artinger
@lennart_artinger

Gocklwirt – Simssee

Tourencharakter
Wanderwege durchs Naturschutzgebiet und am Seeufer entlang, dann – nach einem Waldweg – schöne Höhenwanderung auf aussichtsreichen Nebensträßchen.

Start und Ziel
Gocklwirt bei Baierbach, Weinbergstraße, Parkplatz.

Schwierigkeit: **leicht** - mittel - schwer
Dauer: **4:00 h**
Länge: **12,9 km**
Aufstieg **189 hm**
Abstieg **189 hm**

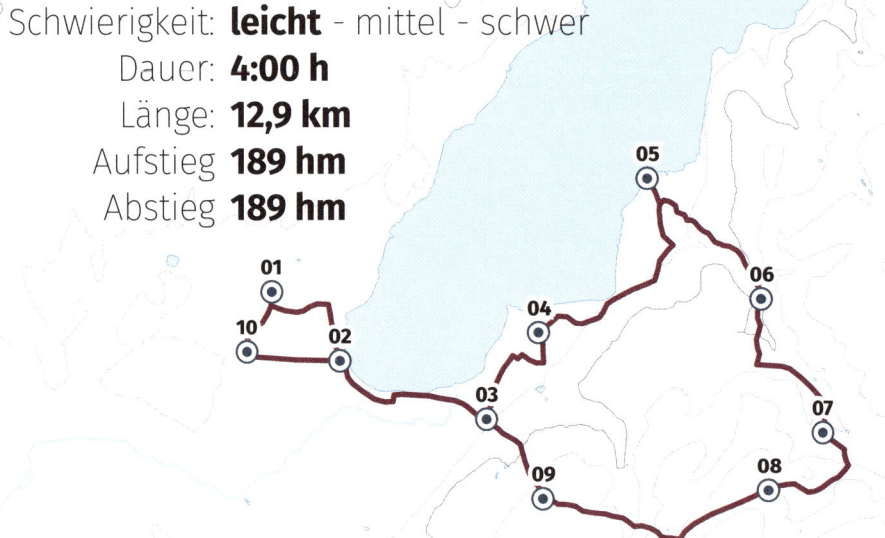

Höhenlinienmodell mit Streckenverlauf

Höhenprofil

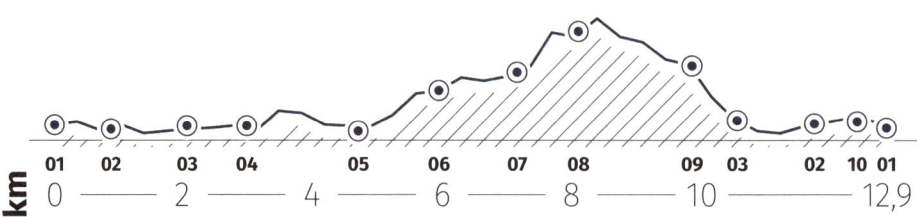

Und in den Wald gehe ich, um meinen Verstand zu verlieren und meine Seele zu finden.

John Muir, schottisch-amerikanischer Naturphilosoph, Entdecker, Ingenieur, Geologe und Umweltschützer (1838–1914)

▶ Wir durchqueren beim Gocklwirt **01** den Biergarten, bewundern die Ausstellungsstücke, gehen durch ein Holztor und bleiben unterhalb einiger Häuser auf einem schönen Naturweg. Wenig später biegen wir scharf links ab, wandern auf dem ausgeschilderten Moorweg über Wiesen zum Waldrand. Nach ein paar Metern befinden wir uns auf einem breiten Waldweg, einem Vogellehrpfad. Wir stoßen auf einen breiteren Weg (Toni-Rietz-Weg **02**), halten uns rechts und gehen an der nächsten Verzweigung Richtung Ecking.

Über zwei Holzbrücken erreichen wir freies Gelände und eine Verzweigung unterhalb von Ecking **03**. Wir biegen links Richtung Strandbad Ecking/Seewirt ab. Kurz vor der Autostraße stoßen wir auf ein Asphaltsträßchen, dem wir links zum Strandbad folgen. Vor dem Seewirt **04** schwenken wir rechts auf einen schmalen, Richtung Moosen/Strandbad Pietzing beschilderten Naturweg. Bald sind wir wieder in offenem, aussichtsreichem Gelände, bis der Baumbestand wieder dichter wird.

Direkt vor dem Sägewerk Huber verlassen wir den Wald, nach links ist der Badeplatz Pietzing **05** angeschrieben. Auch hier führt der Wanderweg rechts über eine Brücke als Naturweg weiter, vorbei an einer Infotafel.

Bei den Häusern von Pietzing beginnt wieder Asphalt. Wir überqueren die Autostraße und folgen der Markierung Erlachmühle/Obermühl. Bergab in den Wald und an einem Bach entlang schlängelt sich der schöne Pfad, bis wir bei der Erlachmühle **06** die Bachseite wechseln und nach etlichen Kurven auf eine Asphaltstraße treffen. Wir biegen mit der Markierung links ab, Richtung Neukirchen, passieren leicht ansteigend Mühlham **07** und schwenken kurz nach Ortsende scharf rechts. Ein betonierter Plattenweg bringt uns an den Waldrand und geht in einen Kiesweg über. Wir überqueren einen Bach und erreichen Wolferkam **08**. Auf einer breiteren Asphaltstraße leicht bergauf und aussichtsreich Richtung Bergham. Vor den ersten Häusern bie-

gen wir scharf rechts ab, verlassen in einer Rechtskurve das Sträßchen und gehen geradeaus in den Wald. Der Waldpfad führt in eine Senke und steigt dann über eine Brücke wieder an. Oben an der Kuppe gehen wir auf die Häuser von Neukirchen zu, wieder auf Asphalt. An der Mesner-Alm **09** und der Kirche eröffnet sich ein wunderschöner Blick auf den Simssee. Über die Autostraße weiter auf einem Betonplattenweg bis zu einer Rechtskurve. Dort zwei Meter links und dem schmalen Kiespfad folgen, der uns hinab zur Verzweigung **03** mit dem Hinweg bringt. Am Uferweg entlang zur Verzweigung beim Toni-Rietz-Weg **02**, dort folgen wir links dem Latschenweg, bis wir bei Sonnenholz **10** auf Asphalt stoßen. Wir verlassen das Sträßchen wenig später nach rechts und folgen weiter dem Vogellehrpfad. Bald treffen wir wieder auf den Hinweg und den Gocklwirt **01**. Wer einen kleinen Umweg bei der Heimfahrt in Kauf nimmt, hat kurz vor Söllhuben noch einen Blick auf ein bayerisches Postkartenidyll **📷**.

Dein Moment für die Ewigkeit

Nutze den Moment

Eigentlich hast du dein Tagesziel schon erfüllt und bist am Heimweg, aber jetzt färbt sich der Himmel noch einmal spektakulär in der Abendstimmung? Schau dich um, vielleicht ergibt sich ein Zufallsmotiv, das du nicht einmal eingeplant hast.

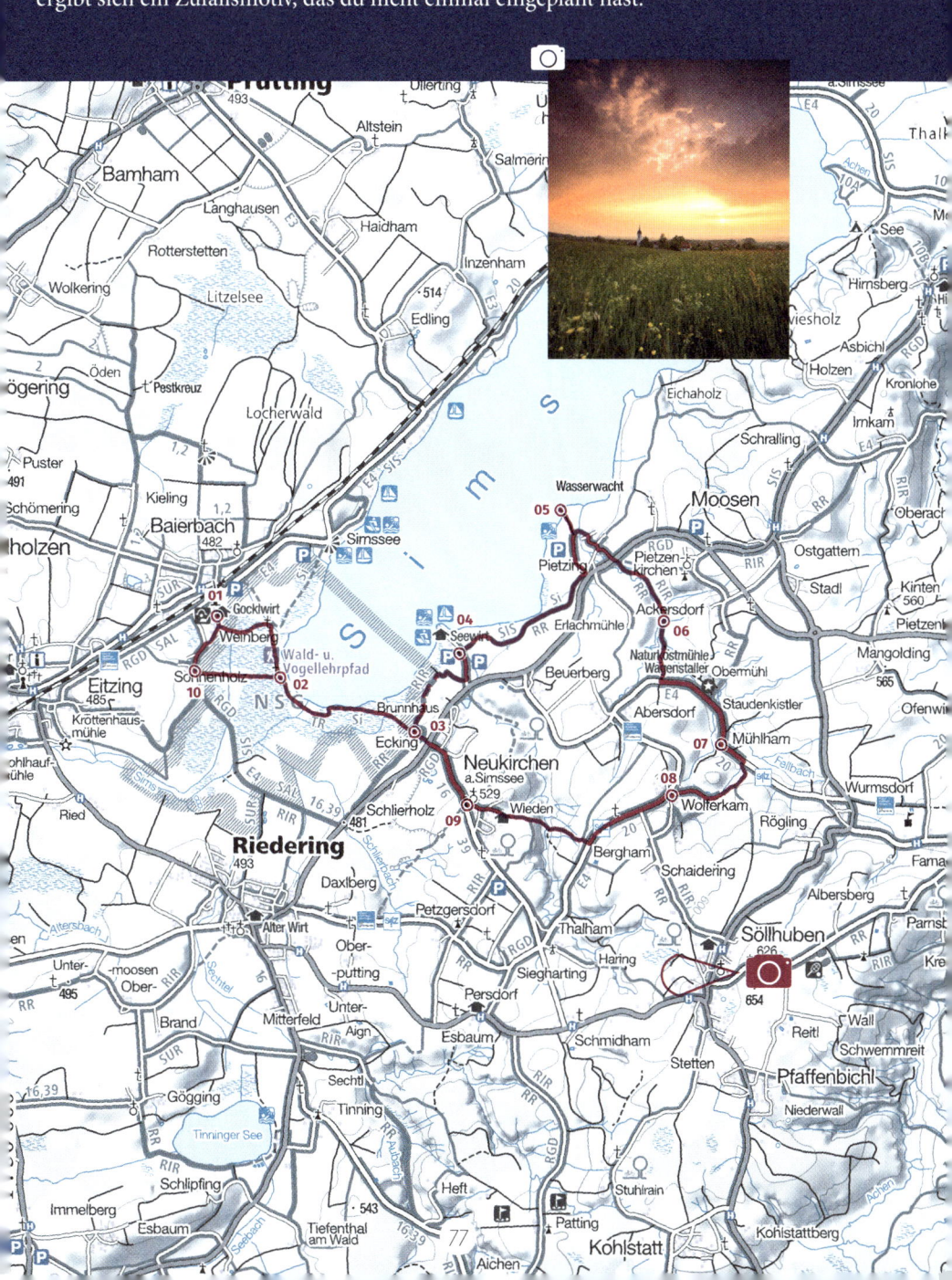

9 Im Prachtsaal des Chiemsees

Königliche und sakrale Architektur in königlich und sakral anmutender Landschaft: die ganze barocke Pracht des Oberbayerischen ist hier im nordwestlichen Chiemsee-Winkel versammelt. Der Blick hinüber zur Fraueninsel gibt schonmal einen guten Vorgeschmack.

Bilder von: **Sabrina von Bein**
@die_raubritterin

Gstadt – Prien/Stock – Fraueninsel

Tourencharakter
Leichter, aber ausgedehnter Spaziergang auf Kieswegen entlang des Chiemsee-
ufers. Die Tour lässt sich gut mit einem Besuch der Fraueninsel verbinden.

Start und Ziel
Gstadt am Chiemsee, 520 m, gebührenpflichtige Parkplätze vorhanden .

Schwierigkeit: **leicht** - mittel - schwer
Dauer: **4:45 h**
Länge: **13,6 km**
Aufstieg **31 hm**
Abstieg **31 hm**

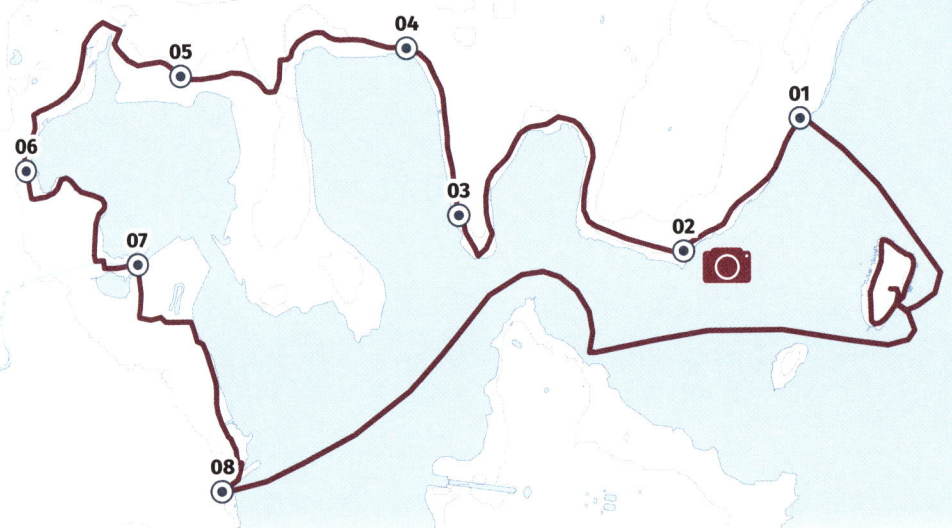

Höhenlinienmodell mit Streckenverlauf

Höhenprofil

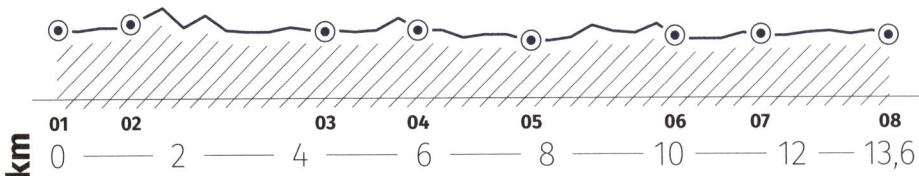

Wasserwelt und Bergwelt verschmelzen am Chiemsee zur Landschaftssymphonie.

Der Rastende ist weder Faulenzer noch Nichtstuer, wenngleich er in beiden Berufen Meister scheint.

Walter Pause, deutscher Schriftsteller und Bergsteiger (1907–1988)

▶ Wir beginnen unsere Tour in Gstadt 01, wenden uns am See nach rechts Richtung Süden und bleiben immer am Uferweg. Zeitweise ist er für Radfahrer gesperrt.

Wir kommen zum Aussichtsturm „Ganszipfel" 02 📷, gehen auf die Halbinsel Urfahrn 03 hinaus, wo sich schon König Ludwig II. zur Herreninsel übersetzen hat lassen. Vorbei an Kailbach 04 und Hochstätt 05 errei-

chen wir die Schafwaschener Bucht 06. Hier bietet sich eine zünftige Mittagspause an. Auf dem Weiterweg passieren wir bei der Prienmündung den Rimstinger Steinlehrpfad 07.

Am Hafen in Prien/Stock 08 angekommen nehmen wir das Schiff zurück nach Gstadt 01, wobei sich die Fraueninsel auf der Rückfahrt für eine nachmittägliche Kaffeepause hervorragend anbietet.

Dein Moment für die Ewigkeit

Bildaufbau

Das Bild weist einen perfekten Bildaufbau mit mehreren Ebenen vor. Es ist schön gedrittelt in Vordergrund, der Seefläche mit Insel und dem Himmel. Je nachdem was man zeigen will bietet sich die Positionierung des Horizontes bei ⅓ oder bei ⅔ des Bildes an.

10 Am Westufer des Chiemsees

Raum und Weite direkt neben hektischer Betriebsamkeit. Natur pur in wenigen Gehminuten von der Autobahn. Kontemplative Stille neben touristischem Halligalli. Der Weg von Prien nach Bernau ist in so mancher Hinsicht eine Gratwanderung.

Bilder von: **Sabrina von Bein**
@die_raubritterin

Prien – Bernau

Tourencharakter
Wanderung teilweise in den lebhaften Chiemsee-Gemeinden und auf dem Chiemseeuferweg, dann aber auch im recht stillen Umland, immer mit beeindruckenden Aussichten und Eindrücken. Festes Schuhwerk auf den teils holprigen Feldwegen ist empfehlenswert.

Start und Ziel
Prien, Touristeninformation, gebührenpflichtiger Parkplatz an der Beilhackstraße.

Schwierigkeit: **leicht** - mittel - schwer
Dauer: **2:00 h**
Länge: **8,1 km**
Aufstieg **42 hm**
Abstieg **54 hm**

Höhenlinienmodell mit Streckenverlauf

Höhenprofil

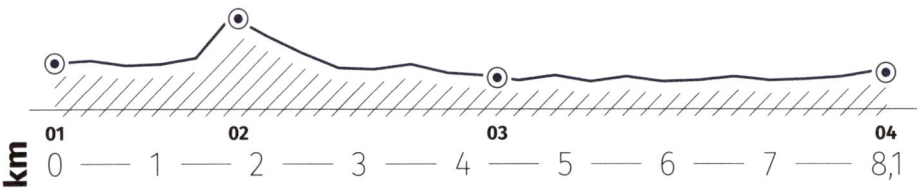

km
| 01 | | 02 | | 03 | | | | 04 |
| 0 — 1 — 2 — 3 — 4 — 5 — 6 — 7 — 8,1 |

▶ Mit Blick auf die Touristeninformation Prien **01** wenden wir uns nach links, gehen nach einigen Hundert Metern unter der Bahnunterführung hindurch und biegen in die Franz-Hager-Straße rechts ab. Wir halten uns rechts und folgen der Jensenstraße, bis wir in die Martin-Luther-Straße nach links einbiegen. Für die folgenden Kilometer können wir uns einfach an den gelb-grünen Schildern des Salz-Alpen-Steigs orientieren.

An der Evangelischen Kirche gehen wir rechts vorbei in einen ansteigenden Waldweg hinein. Bald treffen wir auf einen links abzweigenden Weg. Er bringt uns hinauf zum Herrenberg **02**. Wir umrunden das mit einer Mauer umfriedete Herrenhaus. Ein grüner Wegweiser schickt uns in die Heubergstraße abwärts Richtung Ernsdorf. An einem großen Bauernhof zweigen wir links und dann gleich wieder rechts in eine kleine Straße ab. Bald kommt ein altes, grün gestrichenes Bauernhaus in Sicht. Hier geht's nach links. Nach einigen Metern erreichen wir offenes, landwirtschaftlich genutztes Gelände und haben freien Blick auf die Berge. Westlich auf der Anhöhe gegenüber ist die sehenswerte Kirche von Urfahrn zu sehen. Unserem Weg (Rauschbergweg) folgen wir bis der Moosweg nach rechts abzweigt, auf dem wir das Landschaftsschutzgebiet betreten. Nun geht's durch das Harasser Moos. Entlang

Das Beste, was man bei Regen tun kann, ist, es regnen zu lassen.

Henry Wadsworth Longfellow, amerikanischer Schriftsteller (1807–1882)

In Harras wartet das Wikingerschiff Freya auf seinen nächsten Einsatz.

von Entwässerungsgräben und durch lichten Baumbestand. Nach ca. 10 Minuten im Wald biegt unser Weg nach links ab (hier fehlt die Markierung).

Bald kommen wir an eine Teerstraße und erkennen rechts von uns die Schilder des Campingplatzes und der Surfschule. In diese Straße biegen wir nach links ein und gleich darauf nach rechts in den gekennzeichneten Wanderweg. Am folgenden Jachthafen gibt es das Restaurant zum Fischer am See **03**. Kurz danach erreichen wir eine kleine Brücke (Badeplatz am Schöllkopf) **⬛**, vor der wir

nach rechts abbiegen. Mit der nun folgenden Brücke überqueren wir den Harasser Moosgraben und gleich danach mit einer 3. Brücke den Mühlbach. Bis Bernau folgen wir nun dem Chiemsee-Uferweg. Er bringt uns entlang der Bernauer Achen unter der Autobahn hindurch in den Ort hinein. An der Baumannstraße gehen wir Richtung Bahnhof **04** und verlassen damit den Salz-Alpen-Steig.

Stündlich fährt der Zug von hier zurück nach Prien **01**. Wir können die Wanderung also hier beenden oder auf gleichem Weg zurück nach Prien gehen.

Dein Moment für die Ewigkeit

Perfekte Illusion

Der Reiz einer Spiegelung liegt oft darin das Motiv so einzufangen, dass man auf den ersten Blick nicht erkennt, welcher Teil gespiegelt wird. Für eine schöne Spiegelung braucht man glattes Wasser, man muss nahe ans Wasser gehen und das Bild halbieren. Mit ein bisschen Glück hast du noch ein Farbenspiel, das sich am Horizont verläuft.

11 Weitsicht von der Wand

So illuminiert sieht man den Chiemsee, das „Bayerische Meer", nur von der Kampenwand. Das 1669 Meter hohe Felsriff ist das wohl bekannteste Bergsymbol der Chiemgauer Alpen.

Bilder von: **Michael Perschl**
@perschl_miche

Kampenwand – der Nordanstieg 1669 m

Tourencharakter
Bergwanderung auf guten Forstwegen und Pfaden, die im Wald und vor allem im Gipfelbereich stellenweise steil und felsig sind.

Start und Ziel
Von Bernau am Chiemsee auf der Aschauer Straße oder von Aschau auf der Bernauer Straße zur Abzweigung Richtung „Hotel Seiserhof"; an diesem rechts vorbei auf der Teerstraße bis zum Wanderparkplatz Aigen, 840 m.

Schwierigkeit: leicht - **mittel** - schwer
Dauer: **4:45 h**
Länge: **9,5 km**
Aufstieg **829 hm**
Abstieg **829hm**

Höhenlinienmodell mit Streckenverlauf

Höhenprofil

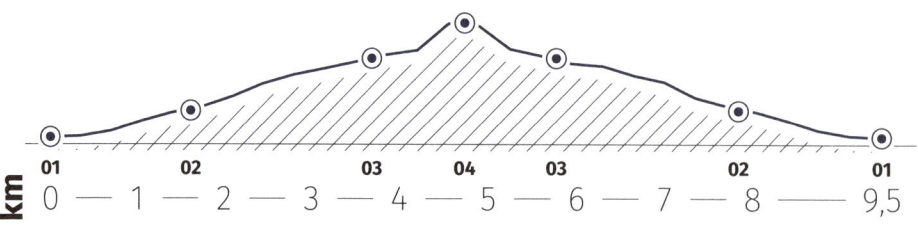

Die Steinlingkapelle auf der Kampenwand.

I gangat gern auf d'Kampenwand, wann i mit meiner Wamp'n kannt'.

Populärer Stoßseufzer nicht ganz schlanker bayerischer Menschen

Der Kampenwand-Zugang von Norden ist ein sehr abwechslungsreicher Anstieg auf die beliebte, felsige Aussichtswarte hoch über dem Chiemsee. Nach einem schattigen Waldstück und einer längeren Querung genießt man einen freien und fotogenen Blick auf die Steinlingalm und den Kampenwandgipfel.

▶ Vom hinteren südlichen Ende des Parkplatzes Aigen **01** steigt man auf einem steilen Waldpfad links hoch zur breiten Forststraße, die man im weiteren Verlauf mehrmals abkürzt und wieder kreuzt. Der schmale und steinige Pfad wird stellenweise steiler. Wir passieren ein 2011 angebrachtes Marterl und ein paar Minuten später auch

die Wegverzweigung rechts zur Schlechtenberghütte.

Nach einem Viehgatter treten wir ins Freie auf die sonnigen Wiesen der Gedereralm **02** und wandern zunächst am Waldrand entlang, bis nach einem weiteren Weidegatter eine längere, leicht ansteigende Querung folgt. Dort eröffnet sich uns ein schöner Blick zur Steinlingalm und zur eindrucksvoll gezackten Kampenwand. Wir stoßen auf den Fahrweg, der rechts von der Schlechtenberger Alm hochkommt und erreichen nach einer weiten Linkskehre die Steinlingalm **03**. Auf engen und steilen Kehren über schottriges Gelände steigen wir dann zu den Felsen hoch, halten uns links und durchsteigen das Felslabyrinth

93

Der mit einem riesigen Kreuz geschmückte Kamm der Kampenwand.

bis zu einer Scharte unterhalb des weithin sichtbaren Gipfelkreuzes. Einen Felsklotz umgehen wir (Drahtseilsicherungen) und gelangen so hoch zur Eisenbrücke, die uns zum Gipfel der Kampenwand **04** 📷 hinüberleitet.

Der Rückweg verläuft über den Anstiegsweg und kann vor der Rückfahrt mit einer Einkehr im nur wenige Hundert Meter entfernten Restaurant Gschwendtner Stub'n angenehm abgeschlossen werden.

Dein Moment für die Ewigkeit

Blendenstern

Der Sonnenstern wird durch eine geschlossene Blende erzeugt. Deshalb heißt er auch Blendenstern. Auf dem Bild wirkt er stärker über den dunklen Bergen. Such dir solche Kanten, an denen die Lichtstrahlen wirken können.

12 Aufs Plateau der Hochplatte

Wer die Hochplatte „by fair means" angeht und auf den Sessellift verzichtet, muss sich diesen Paradeblick auf die Kampenwand hart erarbeiten. Wie auch immer man es angeht, die mehr oder weniger große Mühe für diese erstrangige Aussichtsloge lohnt sich.

Bilder von: **Michael Perschl**
@perschl_miche

Hochplatte 1587 m
über den Staffn-Rundweg

Tourencharakter
Problemlose Wanderpfade bzw. breite Wirtschaftswege, nur beim Gipfelanstieg zur Hochplatte etwas steiler.

Start und Ziel
Marquartstein, Hochplatten-Sesselbahn Talstation, 560 m.

Schwierigkeit: **leicht** - mittel - schwer
Dauer: **6:00 h**
Länge: **14,3 km**
Aufstieg **1027 hm**
Abstieg **1027 hm**

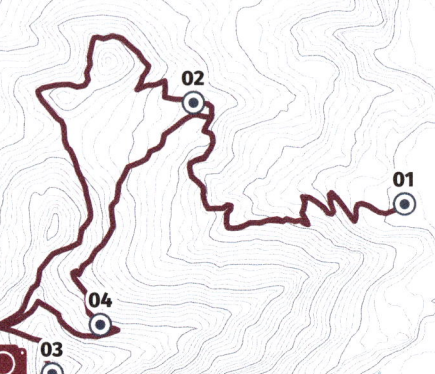

Höhenlinienmodell mit Streckenverlauf

Höhenprofil

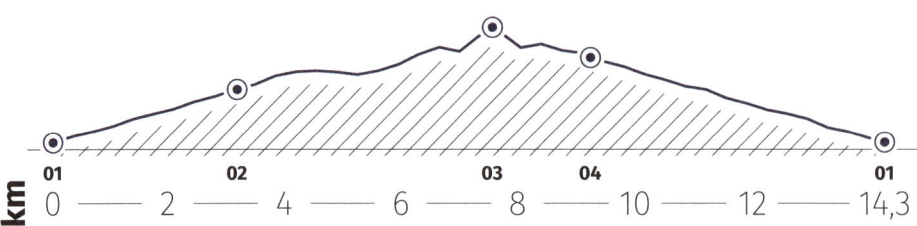

Weites Latschengelände und endlose Fernsicht warten auf der Hochplatte.

Wald und freie Bergluft haben mich zur Furchtlosigkeit
erzogen, zu gläubiger Lebensfreude, zu dankbarem
Staunen vor aller Schönheit.

Ludwig Ganghofer, bayerischer Schriftsteller (1855–1920)

Die Nordseite der Hochplatte zeigt einen sanften Rücken, über den auch der einfache Gipfelanstieg verläuft. Dieser lässt sich hervorragend mit dem aussichtsreichen Staffn-Rundwanderweg verbinden. Nutzt man außerdem die Sesselbahn, kann man sich den Großteil der Auf- oder Abstiegszeit sparen.

▶ Vom Parkplatz der Talstation **01** der Hochplattenbahn auf schattigem Fahrweg (Mark. 48) in gut einer Stunde zur Bergstation und zum Gasthaus Staffnalm **02**. Bei der Alm wieder links hinab zum Staffn-Rundweg (Mark. 48). Bei der Verzweigung Hochplatte/Rundweg halten wir uns rechts und folgen noch ein Stück dem Rundweg, bis links ein Schild zur Hochplatte und zur Piesenhauser Hochalm weist. Wir steigen auf jetzt schmalem und steilerem Pfad bergan, vorerst schattig im Wald und erreichen einen grasigen Sattel. Der Pfad führt uns nun links hoch und dann am Kamm entlang in Richtung der vor uns sichtbaren Kampenwand. Nachdem der Pfad aus dem Wald hinausleitet gelangen wir zur Verzweigung Kampenwand/Hochplatte in der Nähe des Grassauer Hauses (Sichtkontakt zur Piesenhauser Hochalm). Wir halten uns scharf links und steigen mit wunder-

Die Kampenwand zeigt der Hochplatte ihr schlankes Profil.

schönen Ausblicken zum Chiemsee Richtung Hochplatte an. Bei einem Sattel wenden wir uns nach rechts und gelangen über niederen Latschenwuchs in einer halben Stunde teilweise recht steil zum Gipfel der Hochplatte **03**. Von dort geht es zum Sattel zurück, dann auf dem Fahrweg in Serpentinen 📷 hinab, an der Plattenalm **04** vorbei . Unterhalb der Staffnalm können wir uns beim Abstieg ein paar Abkürzungsmöglichkeiten (nach einem Marterl rechts des Abstiegsweges) zunutze machen.

Dein Moment für die Ewigkeit

Deine Blende

Damit Vordergrund als auch Hintergrund scharf sind, muss man die Blende schließen. Je weiter die Objekte von der Linse entfernt sind, um so leichter ist eine durchgängige Schärfe zu erreichen. Das Bild wurde mit Blende 8 aufgenommen. Ein Standardwert bei guten Lichtverhältnissen.

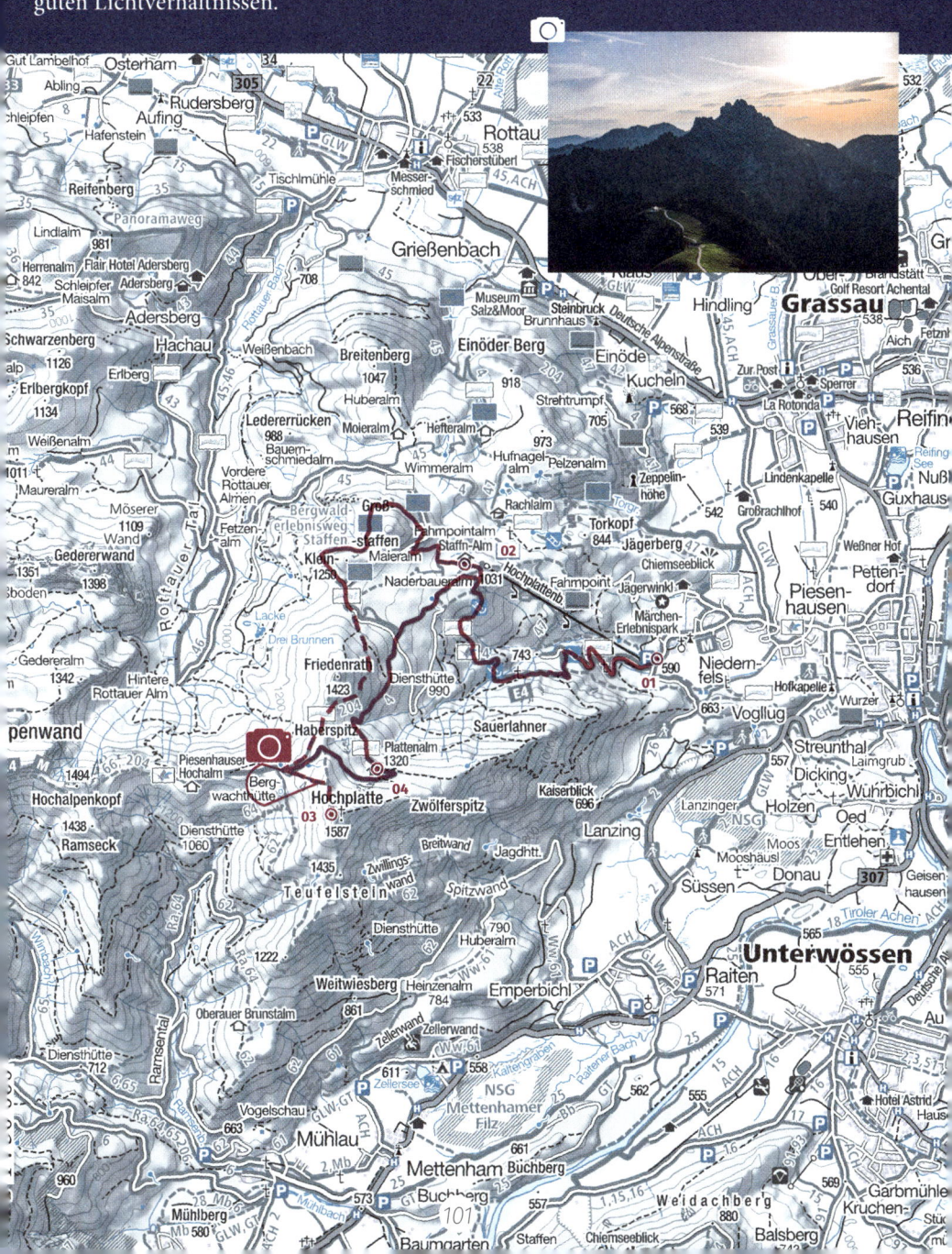

13 Mit allen Sinnen ins Kendlmühlfilzen

Die Spuren der technisierten Zivilisation sind zwar unübersehbar, doch sie trüben das Naturerlebnis des Kendlmühlfilzes nicht wirklich. Denn man spürt es hier ganz deutlich: der Hochgern und seine bewaldeten Flanken werden noch da sein, wenn die dürren Strommasten längst eingeknickt sind.

Bilder von: **Sabrina von Bein**
@die_raubritterin

Im Kendlmühlfilzen

Tourencharakter
Schöne Wanderung in das renaturierte Moorgebiet der Kendlmühlfilzen mit beeindruckender Aussicht vom Westerbuchberg. Gute Wege. Der Ewigkeitsweg führt über schwingenden Moorboden, über Sandstraßen und -wege.

Start und Ziel
Parkplatz am Grenzenlos-Wanderweg, 536 m.

Schwierigkeit: **leicht** - mittel - schwer
Dauer: **4:00 h**
Länge: **13,2 km**
Aufstieg **74 hm**
Abstieg **74 hm**

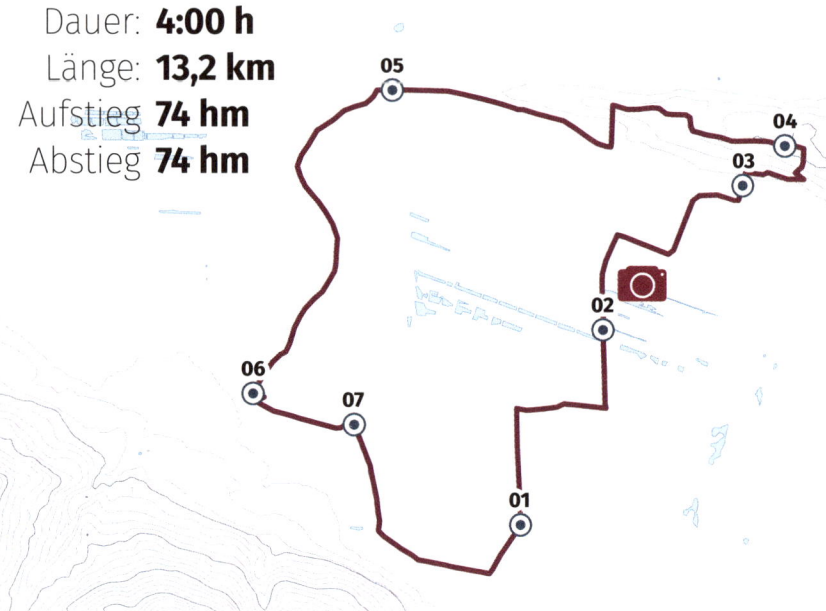

Höhenlinienmodell mit Streckenverlauf

Höhenprofil

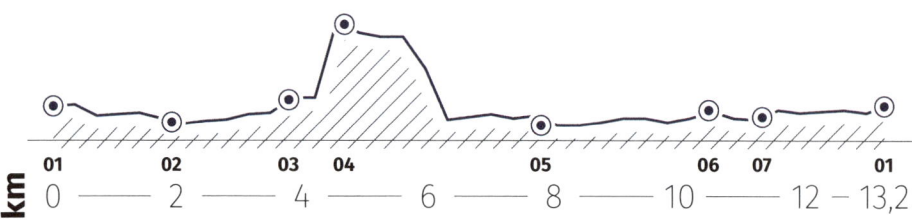

Wasserreiche Urlandschaft zu Füßen von Hochgern und Kampenwand.

In das Moor ohne Wege und Stege
zieht es mich mächtig hinein,
in dem pfadlosen Moore
wird für mich Frieden sein.

Hermann Löns, deutscher Journalist und Schriftsteller (1866–1914)

▶ Vom Parkplatz **01** wenden wir uns nach Norden und folgen dem bequemen Weg geradeaus ins Moor hinein. Unvermittelt biegt er dann nach Osten ab. Beiderseits des Wegs wechseln offene, weite Flächen mit kleinen Birkenwäldchen ab. In einem solchen kommen wir an eine Wegkreuzung. Wir gehen nach links und tauchen nun auf einem schmalen Pfad in die Moorlandschaft ein. Teilweise folgt der Weg den alten Eisenbahnschienen. Bald erreichen wir den Aussichtsturm **02**.

Weiter geht's in Richtung Westerbuchberg **◻**. Die Umgebung wird einem Wald immer ähnlicher und wir erreichen einen schmalen Weg. Wir folgen dem Schild „Westerbuchberg". Nun aufpassen, damit wir nicht den nächsten Wegweiser nach links zum Westerbuchberg übersehen. Bei einer Weggabelung halten wir uns halb rechts. Nachdem wir zwei kleine Brücken **03** überquert haben, stoßen wir auf einen Fahrweg. Ihm folgen wir nach rechts. Er führt über eine Wiese bis zu einem am Waldrand stehenden Haus.

Hier gehen wir nach links und unmittelbar danach wieder nach rechts. Jetzt weist uns ein Schild „Westerbuchberg" auf unseren bevorstehenden Anstieg hin. Er endet auf der querenden Teerstraße. Wir wenden uns nach links und erreichen das Gasthaus Alpenhof 04.

Etwas später passieren wir die Kirche St. Peter und Paul, bleiben auf der nun abschüssigen Teerstraße, bis uns ein Schild „Wessen" nach links und bald darauf wieder nach links in Richtung Torfbahnhof abbiegen lässt. Am Fuß des Westerbuchbergs biegen wir nach rechts auf den querenden Fahrweg ab. Er bringt uns zum Torfbahnhof 05. Dort angekommen wenden wir uns nach links und wandern auf der Teerstraße nach Süden in Richtung Rottau 06. An der Kirche marschieren wir auf der Kreuzstraße weiter, bis uns ein Wegweiser zum Moorrundweg nach links abbiegen lässt.

Wir halten uns Richtung Osten. Am Rand des Moores geht's über eine Brücke und dann nach rechts. Dem Schild „Naturlehrpfad" 07 folgend, betreten wir einen kleineren Weg. Auf vielen Tafeln entlang des Weges werden wir über das Biotop Moor informiert. Anschließend geht's weiter nach Süden, an Häusern vorbei und an einer Kreuzung nach links.

Unser Weg führt jetzt auf dem Hacklweg bis zur nächsten Querstraße. Hier auf der Teerstraße nach links bis zu unserem Parkplatz 01.

Dein Moment für die Ewigkeit

Das Naturschutzgebiet Kendlmühlfilzen

Früher dehnte sich der Chiemsee bis hierher aus. Immer mehr verlandete das Gebiet im Süden des Sees und die Verlandungszone entwickelte sich zum Hochmoorgebiet. Heute ist die Kendlmühlfilzen das größte Hochmoor in Südostbayerns.

14 Am Delta der Tiroler Ache

Weit entrückt erscheint die Kampenwand bei der Frühlingsrunde am Lachsgang. Während hier unten das Strandleben kurz vorm Erwachen ist, hält sich die Schneedecke dort oben noch eine kleine Ewigkeit. Schön dass wir uns entscheiden können, wo wir heute verweilen wollen.

Bilder von: **Sabrina von Bein**
@die_raubritterin

Lachsgang

Tourencharakter
Beschaulicher Spaziergang auf sehr gut gepflegten Wegen.

Start und Ziel
Pendlerparkplatz Autobahnausfahrt Übersee, 521 m.

Schwierigkeit: **leicht** - mittel - schwer
Dauer: **2:30 h**
Länge: **7,4 km**
Aufstieg **5 hm**
Abstieg **5 hm**

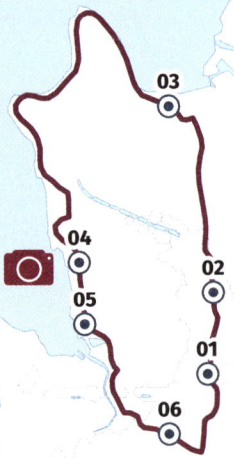

Höhenlinienmodell mit Streckenverlauf

Höhenprofil

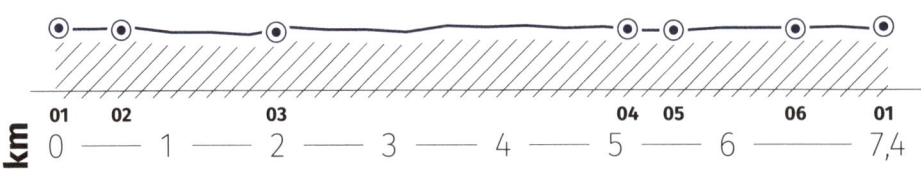

Der Lachsgang bietet freie Blicke in alle Richtungen.

Alles, was gegen die Natur ist, hat auf Dauer keinen Bestand.

Charles Darwin, britischer Naturforscher (1809–1882)

▶ Von unserem Parkplatz **01** aus betreten wir die Straße und wenden uns nach rechts in Richtung Seethal **02**. An einer Weggabelung gehen wir in Richtung Baumgarten. Dann biegt unsere Wanderroute nach links ab.

Auch der Achentalradweg verläuft in diese Richtung. An einer weiteren Weggabelung folgen wir dem Hinweisschild „Lachsgang". Wir wandern über weite Wiesenflächen, die von einzelnen, mächtige Eichen bestan-

Spielplätze, Strandbad, Hochseilgarten und noch einiges mehr findet sich an der Julius-Exter-Promenade.

den sind. Bald sehen wir vor uns die endlos scheinende Wasserfläche des Chiemsees. Nun dauert es nicht mehr lange, bis wir auf den Aussichtsturm Lachsgang **03** treffen. Von hier aus kann man sehr schön die Vögel im wilden Delta der Achenmündung beobachten. Wir gehen weiter, an der Nikolauskapelle vorbei, am See entlang. Immer wieder lassen uns die Ausblicke über den Chiemsee und seine Inseln innehalten. Bemerkenswert sind auch die uralten Bäume, die unseren Weg säumen.

Am Strandbad vorbei passieren wir mehrere Gasthäuser, darunter der Chiemgauhof **04** 📷 und der Seewirt **05**. Dann treffen wir auf die Unterführung der Autobahn. Wir unterqueren sie und folgen dem Wegweiser „D'Feldwies Wirtshaus" **06**. Kurz vor dem Wirtshaus weist uns ein Schild auf die Gemäldegalerie Exter-Kunsthaus hin. Wenn wir unseren Weg weitergehen, kommen wir an die Hauptstraße. Wir wenden uns nach links und kehren nach der Überführung zu unserem Parkplatz **01** zurück.

Dein Moment für die Ewigkeit

Unterbelichtung?

Gerade wenn das Licht schwach wird neigen viele Kameras dazu, die Belichtung zu hell einzustellen. Sofern deine Kamera es zulässt versuche die Belichtung etwas unter die vorgeschlagenen Werte zu setzen. Damit werden die Farben etwas kräftiger und das Ergebnis realistischer.

15 Stille und Trubel am östlichen Chiemsee

An seiner Ostseite bei Chieming erreicht der Chiemsee seine größte Ausdehnung. Die Wasserfläche ist hier so weitläufig, dass an manchem Landungssteg tatsächlich Meeresfeeling aufkommt. Erwischt man dann noch die richtige Abendstimmung mit solchen zarten Pastellfarben, kann man ein wenig nachsinnen, ob sich das gerade nach Italien anfühlt oder doch eher nach Ägäis.

Bilder von: Sabrina von Bein
@die_raubritterin

Chieming – Marwang

Tourencharakter
Aussichtsreiche Wanderung zum kleineren Teil im lebhaften Chiemsee-Umfeld, zum größeren Teil im recht ruhigen Umland östlich des Sees.

Start und Ziel
Chieming, kostenpflichtiger Parkplatz beim Minigolfplatz.

Schwierigkeit: **leicht** - mittel - schwer
Dauer: **4:00 h**
Länge: **13,2 km**
Aufstieg **45 hm**
Abstieg **37 hm**

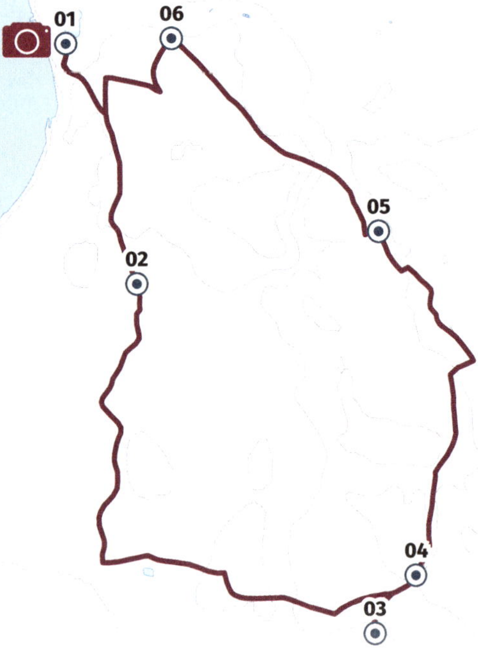

Höhenlinienmodell mit Streckenverlauf

Höhenprofil

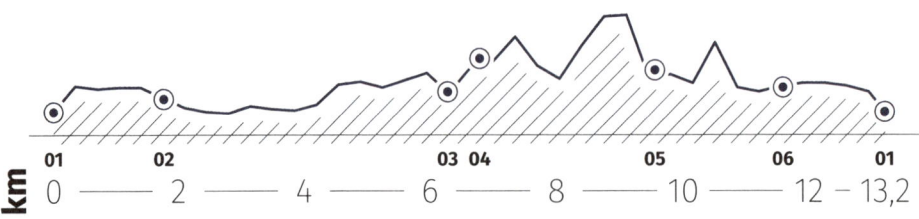

▶ Vom Parkplatz **01** 📷 gehen wir an der Straße entlang in südlicher Richtung, bis der Wegweiser zum Gasthaus Berghof auf der gegenüberliegenden Straßenseite in Sicht kommt. Ihm folgen wir die Straße hinauf, lassen den Berghof links liegen und wandern nach Süden.

Bald mündet unser Weg in die Oberhochstätterstraße und wir halten uns rechts (AlleeGro-Baumschule). Rechter Hand eröffnen sich immer wieder Aussichten über den Chiemsee und die Berge.

In Oberhochstätt **02** fällt eine große Hofkapelle auf. Wir gehen geradeaus durch den Ort, überqueren die kreuzende Straße und wandern nun auf einem Feldweg weiter; bei einer Weggabelung halten wir uns rechts nach Hirschau. Im Ort folgen wir dem Wegweiser links nach Marwang/Tüttensee, um an der nächsten Weggabelung rechts abzubiegen (WW Hirschau – Rundweg). Wir treffen auf die Straße von Erlstätt nach Grabenstätt, überqueren sie und erreichen, dem Wegweiser Tüttensee folgend, Marwang. Ein Abstecher zur Lorettokapelle **03** lohnt sich.

Am Ziele deiner Wünsche wirst du jedenfalls eines vermissen: dein Wandern zum Ziel.

Marie von Ebner-Eschenbach, österreichische Schrifstellerin (1830–1916)

Wir treffen auf die Max-Buchfellner Straße und gehen nach links aus dem Ort hinaus, jetzt Richtung Erlstätt. An der Hauptstraße geht's für ein paar Meter nach rechts, bis gegenüber der Stocketweg 04 abzweigt. Hier biegen wir ein und gehen geradeaus auf den Feldweg.

Zunächst halten wir uns an Weggabelungen jeweils Richtung Erlstätt. An einem Pferdestall geht es geradeaus weiter (der Wegweiser ist verbogen). Wir kommen an eine Teerstraße. Ihr folgen wir nach rechts aufwärts, bis wir nach links Richtung Innerlohen/Chiemsee abbiegen. An einer Weggabelung in einem Waldstück halten wir uns wiederum links. Bald erreichen wir den Waldrand und sehen Innerlohen 05 vor uns. An der querenden Teerstraße biegen wir nach links und in die nächste abzweigende Straße nach rechts ein. Bald kommt die Chieminger Kirche in Sicht. Unser Weg führt an ein paar Wirtschaftsgebäuden vorbei und vor uns tauchen die ersten Chieminger Häuser auf.

Hier zweigt linker Hand ein Weg ab, der uns wieder auf die Felder bringt. An einem Funkmasten vorbei erreichen wir einen weiteren Weg und gehen rechts bis zur Oberhochstätter Staße, wo wir links einbiegen und bis zur Abzweigung Gasthof Berghof 06 gehen. Auf bekanntem Weg geht es dann zurück zum Parkplatz 01.

Abends am Chiemsee fließen die Naturelemente ineinander.

Dein Moment für die Ewigkeit

Seitenlicht oder Streiflicht

Auf dem Bild kommt das Licht klar von der Seite. Die Sonnenstrahlen überlagern die rechte Bildhälfte mit einem warmen Schimmer. Das Licht kann aber auch als Streiflicht bezeichnet werden. So nennt man Licht, das Strukturen wie etwa im Holz des Steges hervorhebt. Streiflicht kann sowohl von oben, als auch von der Seite kommen.

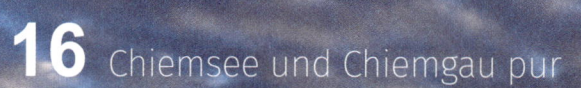

16 Chiemsee und Chiemgau pur

In dieser Ecke des Chiemsees dominieren die Kiesstrände. Zum Baden wird man die mit dem feineren Kies in Chieming bevorzugen, während sich die etwas raueren Abschnitte weiter südöstlich für besonders schöne Fotos anbieten.

Bilder von: **Michael Perschl**
@perschl_miche

Ising – Chieming

Tourencharakter
Eine abwechslungsreiche Wanderung über stilles, meist landwirtschaftlich genutztes Land, an quirligen Strandbädern vorbei und immer wieder mit fantastischen Ausblicken über den See.

Start und Ziel
Ising, 558 m, Parkmöglichkeiten im Ort, vor der Kirche.

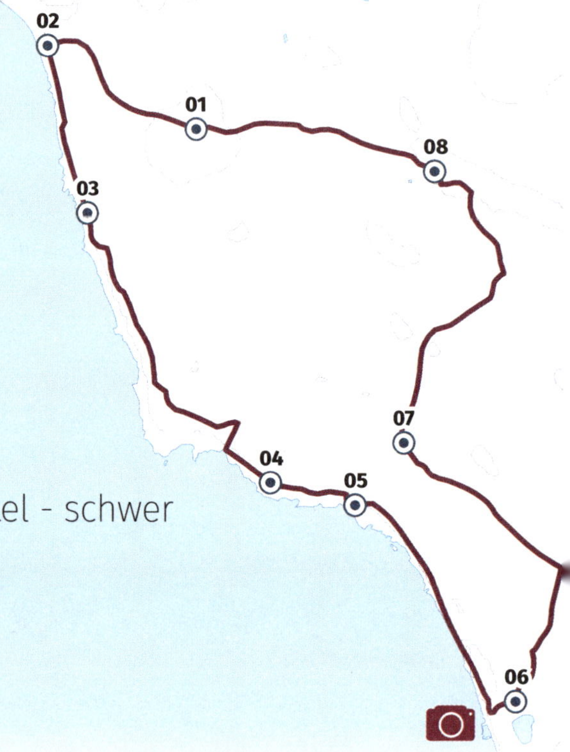

Schwierigkeit: **leicht** - mittel - schwer
Dauer: **3:45 h**
Länge: **14,0 km**
Aufstieg **43 hm**
Abstieg **43 hm**

Höhenlinienmodell mit Streckenverlauf

Höhenprofil

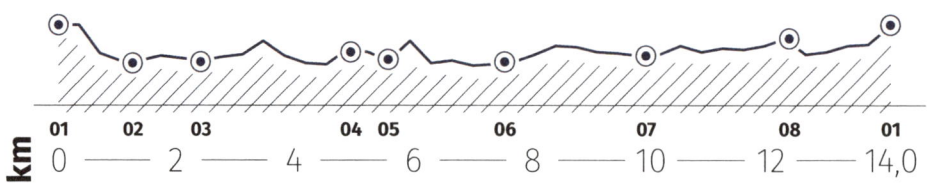

▶ Vom Parkplatz in Ising **01** gehen wir die Anfahrtsstraße bis zur Kapelle hinunter. Hier leitet uns der Wegweiser (Arlaching 1 km). Wir bewegen uns auf der alten Römerstraße, die von Salzburg nach Augsburg führte. An einer Abzweigung steht links ein Gedenkstein.

Hinter einem großen, renovierten Holzkreuz erreichen wir die offene Wiese und folgen nunmehr dem Pfad bis zum Parkplatz des Gasthauses Kupferschmiede **02** in Seebruck. Hier nehmen wir die Unterführung zum Chiemseeufer und wenden uns nach links. Auf dem Chiemseeuferweg wandern wir angenehm unter schattigen Bäumen bis hinter Arlaching **03**.

Wir folgen dem ansteigenden Weg links hinauf und biegen oben gleich wieder rechts ab. Unsere etwas höher als der Chiemsee liegende Straße ermöglicht immer wieder Ausblicke über den See und die Chiem-gauer Berge dahinter. Hinter Schützing taucht das Kirchlein St. Johann **04** auf. Der Weg, auf dem wir die kleine Kirche erreichen, führt weiter zum See. Hier beim „Seehäusl" **05** werden die Radler vom Ufer weggeführt.

Unsere Route steigt kurz hinter dem Gasthaus „Seehäusl" nur ein paar Meter an und führt zu einem Aussichtsplatz. Bald erreichen wir die Uferpromenade von Chieming. Am Parkplatz direkt am See **◯** wenden wir uns nach links und gehen nach Chieming **06** hinein.

Beim Erreichen der Ortsdurchgangsstraße halten wir uns gleich wieder links und wählen die Stötthamer Straße. Nach 100 m folgen wir dem Wegweiser zu den Sportanlagen (Josef-Heigemooser-Straße). Kurz davor biegen wir in den Mitterweg ab. Er führt uns vorbei an der Volksschule und am Sportplatz hinaus aus Chieming.

Wen Gott liebt, den lässt er fallen in dieses Land.

Ludwig Ganghofer, bayerischer Schriftsteller (1855–1920)

Zu den Schätzen des Chiemsees gehört seine Vogelwelt mit über 300 Arten – darunter sogar Meeresvögel.

Nun wird es wesentlich ruhiger und wir können unsere Blicke wieder über die Landschaft schweifen lassen; links der Chiemsee und die Berge, vor uns das Örtchen Stöttham **07**.

Dort treffen wir auf eine Querstraße (Isinger Straße), der wir nach rechts durch den Ort folgen. Weiter geht's bis zur St 2095 (Seebruck–Traunstein), die wir in der Folge überqueren. Gegenüber führt ein Feldweg nach Weidach, das auch schon zu sehen ist.

In Weidach biegen wir für kurze Zeit auf den Radweg Richtung Fehling ein und nehmen dann den Feldweg, der links abbiegt. Linker Hand ist bereits die Isinger Kirche zu sehen.

In Fehling **08** nehmen wir die Teerstraße nach links. Sie führt aus dem Ort hinaus zwischen weiten Pferdekoppeln und Weideland für Schafe hindurch, durch einen freundlichen Mischwald und mündet schließlich in die zu Ising **01** gehörende Allee aus riesigen, alten Linden.

Dein Moment für die Ewigkeit

Eine Frage des Standpunktes

Immer nur aus Augenhöhe zu fotografien wirkt schnell langweilig. Fange ein Motiv von unterschiedlichen Standpunkten aus ein und vergleiche das Ergebnis. Aus der Froschperspektive fotografiert bildet der Kiesstrand einen malerischen Vordergrund, auf dem sich die letzten Sonnenstrahlen legen.

17 Der Tüttensee und andere Kleinode

Nach der Lieblichkeit des Sommers kommen im Herbst die wilden Elemente der Chiemgauland-schaft mehr zur Geltung. So zum Beispiel die ange-zuckerten Berggipfel, die sich in stillen Momenten im Tüttensee spiegeln.

Bilder von: **Thomas Kargl**
@maxlsbilderbuch

Tüttensee – Kleierweg

Tourencharakter
Eine ruhige Wanderung, oft auf schmalen, wenig befahrenen Teerstraßen, aber auch auf Feld-, Wald- und Wiesenwegen. Reich an traumhaften Landschaftsbildern. Festes Schuhwerk ist empfehlenswert.

Start und Ziel
Tüttensee, Parkplätze am See.

Schwierigkeit: **leicht** - mittel - schwer
Dauer: **3:00 h**
Länge: **10,8 km**
Aufstieg **114 hm**
Abstieg **114 hm**

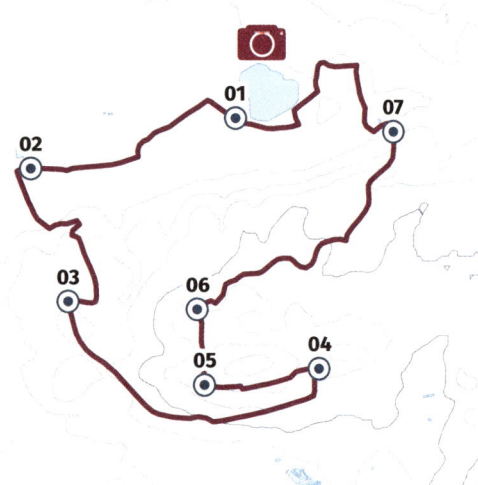

Höhenlinienmodell mit Streckenverlauf

Höhenprofil

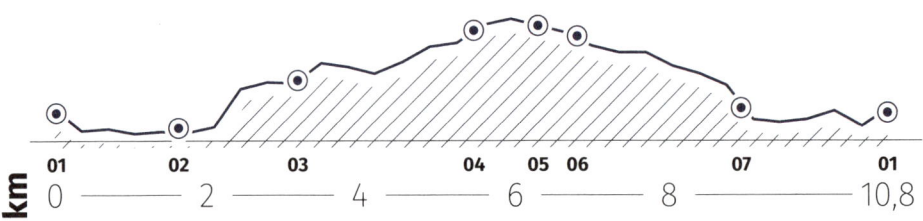

Wir starten von den Parkplätzen **01** am Tüttensee ◎ auf einer Teerstraße in Richtung Südwest und treffen nach der Überquerung des Grabenstätter Mühlbachs auf die Verbindungsstraße von Vachendorf nach Grabenstätt.

Weiter geht es dann in Richtung Grabenstätt, bis wir an die links abzweigende Höringer Straße **02** kommen und auf ihr nach Unteraschau wandern. Bald kommen wir an die Oberaschauer Straße und folgen dem kleinen Wegweiser Kleierweg nach links.

Was ich nicht erlernt habe,
das habe ich erwandert.

Johann Wolfgang von Goethe (1749–1832)

Wir gewinnen an Höhe und erreichen schließlich wieder die Straße nach Höring. Hier genießen wir bereits den ersten Blick auf den Chiemsee **03**.

Wir halten uns links und bleiben bis Holzhausen auf dieser Straße, immer den Kleierweg-Wegweisern nach. So auch in Holzhausen **04**, wo wir von der Höringer Straße im spitzen Winkel nach links in die Schönblickstraße einbiegen.

Bald lassen wir die Häuser hinter uns und wandern anfangs auf einem Feldweg, später bei Erreichen des Waldrands nach links auf einem Wiesenweg nach Westen. Wenn links unterhalb Höring auftaucht, kommen wir erneut an ein Schild **05** des Kleierwegs und steigen jetzt wieder auf einem Weg rechts hinauf.

Oben angekommen wenden wir uns abermals nach rechts, um dann gleich bergab Richtung Zeiering zu gehen. Wir gehen durch den Ort und erreichen eine kleine Kapelle **06**, die über einen sehr schönen Innenraum verfügt.

Wir wenden uns nach rechts und sehen bereits den Wegweiser nach Eckering. Vorbei an den Anwesen erreichen wir die Straße nach Büchling **07**. Am Ende dieser Straße erkennen wir den Wegweiser zum Tüttensee und nach Grabenstätt. Wir halten uns kurz links, um gleich darauf rechts Richtung Tüttensee abzubiegen.

Weiter geht es auf einem Feldweg und – nach einer neuerlichen Abzweigung nach links – auf einem Wiesenweg. Dieser bringt uns zum tiefer gelegenen Rundweg um den See, welcher uns wiederum zu den Parkplätzen **01** führt.

Dein Moment für die Ewigkeit

Belichtungsdreieck

ISO, Blende und Belichtungszeit sind eng miteinander verknüpft. Erhöhst du zum Beispiel die Belichtungszeit (hier liegt der Wert bei 1/100), kannst du bei gleichem Licht die ISO verringern und die Blende weiter schließen. Hier liegt der Blendenwert bei f8, um ein durchgängig scharfes Bild zu erhalten.

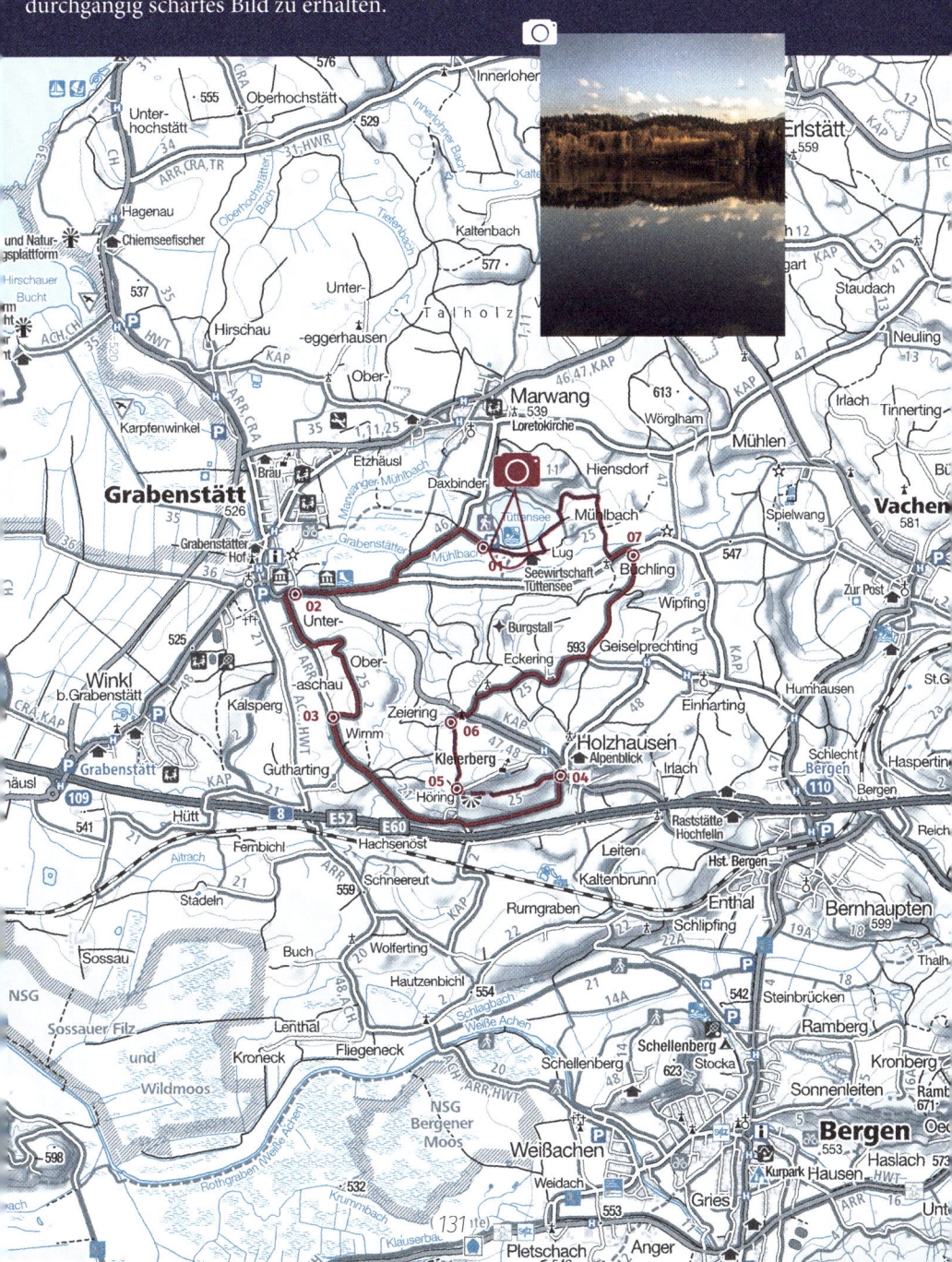

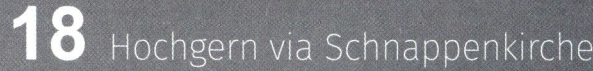

18 Hochgern via Schnappenkirche

Dem Himmel nahe sein kann man auch bei grauer Bewöl-
kung. Oft ist es sogar erst das angeblich schlechte Wetter,
das den Bildern Wucht und Dramatik verleiht. Wie hier
dem Ausblick hinüber zum Hochfelln.

Bilder von: **Michael Perschl**
@perschl_miche

Hochgern 1744 m,
Schnappenkirche 1100 m

Tourencharakter
Der erste Teil zur Schnappenkirche ist steil, ebenso der Anstieg nach der Stau-
dacher Alm zum Hochgernsattel, sonst angenehme Wirtschaftswege und gute
Wanderpfade.

Start und Ziel
Staudach, Wanderparkplatz, 580 m.

Schwierigkeit: leicht - **mittel** - schwer
Dauer: **6:00 h**
Länge: **12,5 km**
Aufstieg **1249 hm**
Abstieg **1249 hm**

Höhenlinienmodell mit Streckenverlauf

Höhenprofil

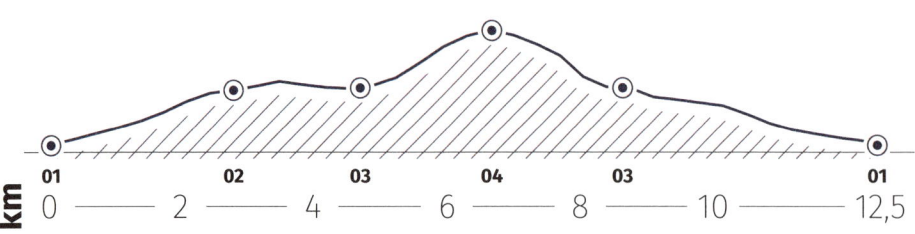

Kennst Di aus, woaßt, wos i moan? A Berg is nix anders wia a mords Trum Stoan. Aba drob'n auf'm Gipfel, des sog i allemoi, is' vui schena wie drunt'n im Toi!

Hubert von Goisern, österreichischer Musiker (*1952)

Die Hochgernkapelle wird von den Wetterelementen festlich beleuchtet.

Der Hochgern ist ein berühmter Aussichtsberg und bietet dem Wanderer von allen Seiten gute, aber sehr verschiedene Zugangsmöglichkeiten. Der Aufstieg von Norden über die Schnappenkirche gilt als einer der schönsten und auch abwechslungsreichsten Anstiege in den Chiemgauer Bergen. Es ist einfach alles dabei – vom klassisch angelegten Bergpfad zu Beginn über den wunderschönen Chiemseeblick an der Schnappenkirche, den sehr bequemen Waldweg zur Staudacher Alm, den kurzen, schweißtreibenden Steilanstieg auf den Hochgernsattel bis zum aussichtsreichen Gipfel mit Miniaturkapelle und Gipfelkreuz. Außerdem ist das Hochgernhaus nur ca. 30 Min. entfernt.

Mehr kann man von einer Bergwanderung kaum verlangen.

▶ Bereits am Wanderparkplatz **01** ist der Weg gut ausgeschildert. Zuerst bleiben wir auf dem Fahrweg, passieren links das Staudachdenkmal und zweigen bei der nächsten Wegteilung nach rechts, Richtung Schnappenkirche ab. Wir folgen stets der Ausschilderung und bald beginnt ein hervorragend angelegter Steig, der uns steil, aber schattig zur Schnappenkirche **02** hochbringt. Oberhalb der Kirche weist uns ein Schild den Weiterweg Richtung Hochgern und Staudacher Alm. Zuerst wenig ansteigend, dann einem langen, leicht fallenden und bequemen

Morgendlicher Ausblick Richtung Osten – nicht mehr weit vom Gipfel entfernt.

Waldweg folgend stoßen wir auf den Fahrweg zur Staudacher Alm **03**, den wir nach rechts aufnehmen. Wenige Minuten später stehen wir vor dem bewirtschafteten Almgebäude. Über das flache Almgelände wandern wir in östlicher Richtung zum Talschluss, wo wir unterhalb der vor uns aufragenden Felsen den Steilabsatz erreichen, über den in engen Kehren der weitere Anstieg verläuft. Im Hochsommer wird hier mancher Schweißtropfen vergossen, nach Regenfällen kann die Passage schmierig und unangenehm sein. Der Steilaufstieg endet in einem Sattel, der wiederum einen herrlichen Ausblick zum Chiemsee vermittelt. Wir folgen weiter der Beschilderung nach links (rechts geht der Weg zum Hochgernhaus ab). Über den Rücken des Hochgern, auf gut sichtbaren

weiten Kehren ansteigend, erreicht man etwa 30 Minuten später den Hochgerngipfel **04** 📷 mit der kleinen Gipfelkapelle.

Beim Abstieg nehmen wir von der Staudacher Alm entweder den Fahrweg oder zunächst den Abkürzungsweg mit der Markierung ST4. Dann folgen wir dem Fahrweg bis zur Wegteilung nach einer Brücke (bei der Stempelstelle Brixental). Wir halten uns links und gelangen über einen herrlichen und schattigen Wanderweg mit Wasserfallstellen und Brücken entlang des Baches zu einer weiteren Wegteilung. Das Schild „Staudach-Parkplatz" bringt uns wieder auf den Anstiegsweg. Am Staudachdenkmal vorbei erreichen wir kurz darauf wieder den Parkplatz **01**.

Dein Moment für die Ewigkeit

Nutze dein Model

Sobald du eine Person zeigst, bekommt das Auge einen Größen- und Weitenvergleich. Fotografierst du jetzt auch noch von etwas Entfernung und platzierst deine Person geschickt, verstärkst du durch die Perspektive die Wirkung der Weite. Die Person kann dir auch helfen, Höhen oder Tiefen verstärkt wirken zu lassen.

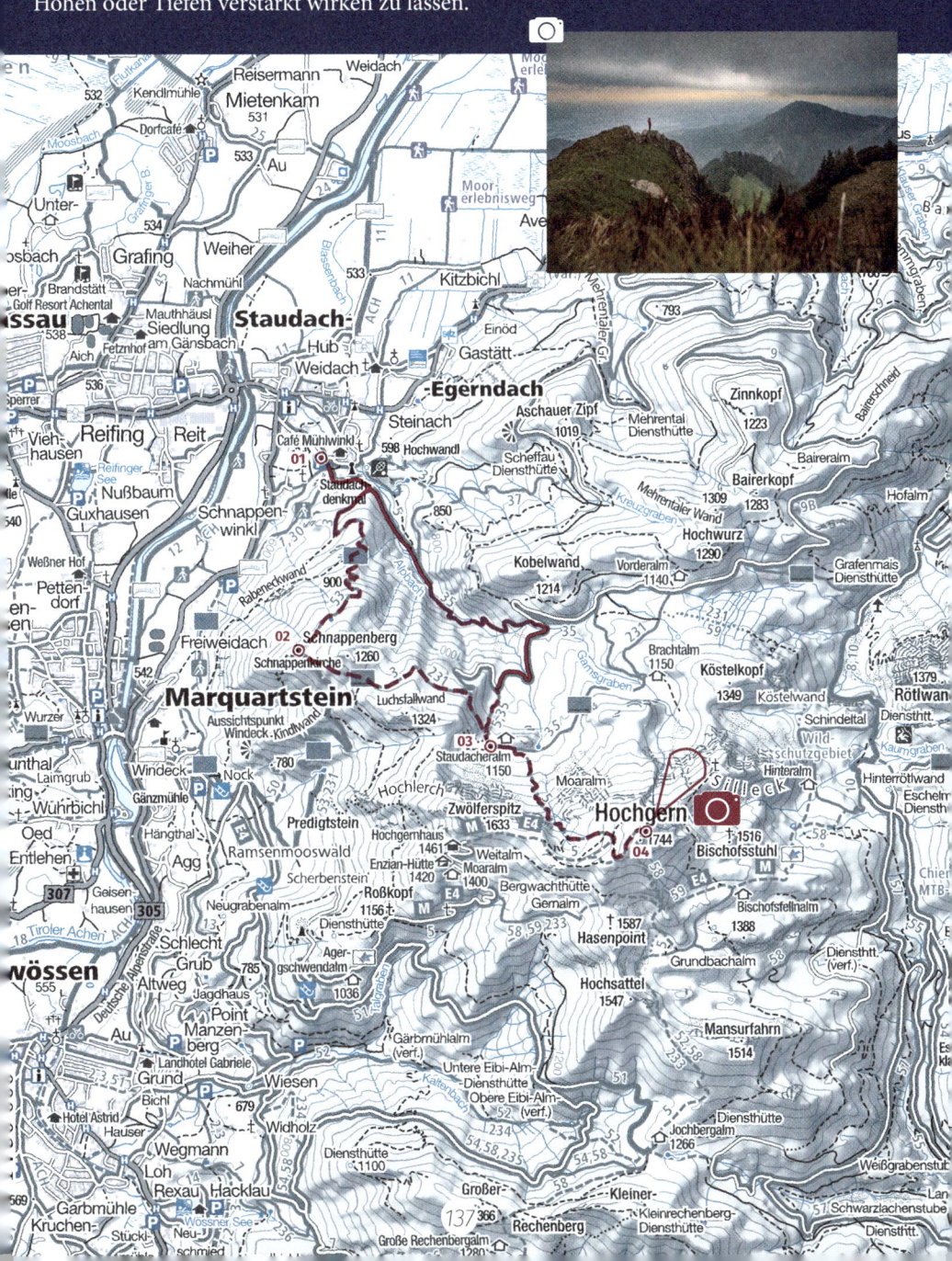

19 Nach Tirol aufs Fellhorn

Es soll Leute geben, die besonders schöne Na-
turspektakel wie diese Inversionswetterlage
um den Wilden Kaiser als Kitsch bezeichnen.
Zum Glück hat sich die Natur noch nie um die
Geschmacksurteile ihrer Kritiker geschert.

Bilder von: Michael Perschl
@perschl_miche

Fellhorn

Tourencharakter
Gute Forststraßen, bequeme Waldwege und schöne Almpfade.

Start und Ziel
Seegatterl, Großer Parkplatz, 770 m.

Schwierigkeit: leicht - **mittel** - schwer
Dauer: **6:15 h**
Länge: **18,3 km**
Aufstieg **1014 hm**
Abstieg **1014 hm**

Höhenlinienmodell mit Streckenverlauf

Höhenprofil

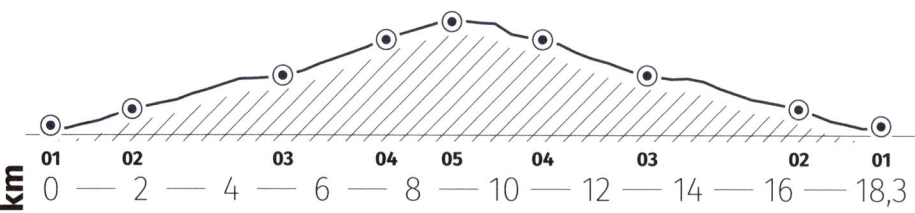

Weitläufig und idyllisch ist das Almgelände am Aufstiegsweg.

▶ Wir verlassen den Großparkplatz in See-gatterl **01** nach Westen, überqueren ein Brücklein und halten uns nach einem gro-ßen Holzlagerplatz links. In großen Kehren folgen wir der Forststraße hoch zur Natters-bergalm **02**.

Nach der Nattersbergalm verlassen wir den Fahrweg und folgen der Markierung 13 über Wiesen zum Wald hoch. Wir treffen wieder auf die Forststraße, der wir in Serpentinen weiter nach oben folgen. Wir passieren meh-rere Wegverzweigungen, orientieren uns immer links und gelangen so über das Alm-gelände zur Oberen Hemmersuppenalm **03**. Nach dem Almgebäude halten wir links auf einen zunächst breiten Weg zu, der sich dann zu einem schmaleren Pfad verengt, bevor er wieder zu einem schönen Bergweg wird, der

sich am Hang entlang aufwärts zieht. Die Abzweigung zum Eggenalmkogel links wird ignoriert und kurz darauf passieren wir die deutsch-österreichische Grenze. Nur wenig später ist das Straubinger Haus **04** erreicht. Über einen markierten Steig gelangen wir un-schwierig auf den Gipfel des Fellhorns **05** 〔◯〕.

Beim Abstieg zum Straubinger Haus kann man den Aufstiegsweg wählen – oder man nimmt die Variante über die Hochtritt-Alm: Wir folgen bei einem Gedenkstein kurz un-terhalb des Gipfels einem Pfad nach rechts, durchqueren eine Wiesenmulde, steigen kurz an und dann wieder ab zur sichtbaren Hochtritt-Alm. Auf dem Fahrweg ist man in wenigen Minuten wieder am Straubinger Haus **04**. Der weitere Rückweg verläuft auf dem Anstiegsweg.

Wie komme ich am besten den Berg hinan?
Steig nur hinauf und denk nicht dran!

Friedrich Nietzsche, deutscher Philosoph und Philologe (1844–1900)

Dein Moment für die Ewigkeit

Farbe und Sättigung

Gerade wenn man beginnt Bilder zu bearbeiten ist man vom Sättigungs-Regler sehr beeindruckt. Das Ergebnis sind oft übertrieben blaue Himmel, die in ein einheitliches, unrealistisches Blau abdriften. Ein dezenter Blauton verleiht dem Bild eine ausgewogene Stimmung und deine Wolkendecke bleibt so zart wie hier am Fellhorn.

20 Übersicht im Abendlicht

Wenn sich die Sonne hinter dem Hochgern zur Ruhe begibt, beginnt für diejenigen, die auf dem benachbarten Hochfelln gestiegen sind, eine Sternstunde. Allen anderen bleibt das Spektakel in der Dämmerung verborgen.

Bilder von: Michael Perschl
@perschl_miche

Auf den Hochfelln 1674 m

Tourencharakter
Bergwanderung auf Forststraßen und Wald- bzw. Bergpfaden; der Anstieg von der Thoraualm zum Gipfel ist sonnig und stellenweise recht steil und felsig.

Start und Ziel
Von Ruhpolding 3,5 km südwestlich zum Parkplatz bei der Staudigl Hütte, 700m, nahe dem Freizeitpark (nach dem Schild „Vorderbrand" Parkplatz); auch Buszufahrt.

Schwierigkeit: leicht - **mittel** - schwer
Dauer: **5:15 h**
Länge: **12,9 km**
Aufstieg **974 hm**
Abstieg **974 hm**

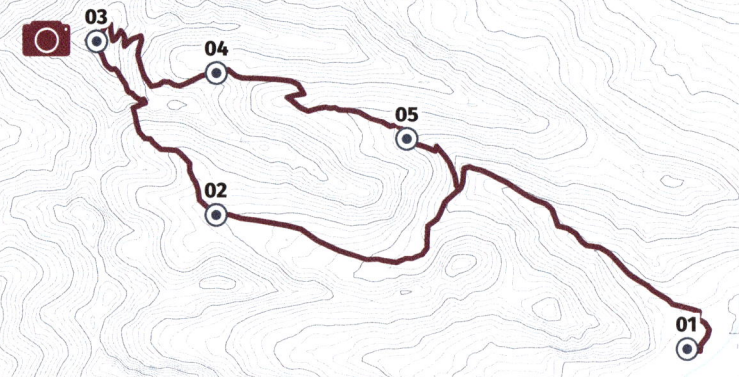

Höhenlinienmodell mit Streckenverlauf

Höhenprofil

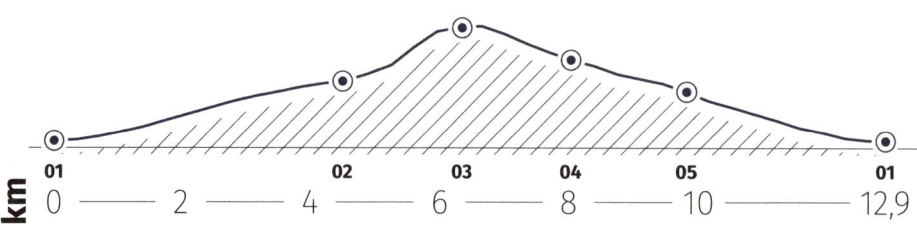

Goldene Stunde am Hochfelln, im Hintergrund das Kaisergebirge.

Nichts bringt uns auf unserem Weg besser voran als eine Pause.

Elizabeth Barrett Browning, englische Dichterin (1806–1861)

▶ Weil der Parkplatz bei der Historischen Glockenschmiede für die Besucher reserviert ist, parken wir unterhalb bei der Staudigl Hütte **01**. Kurz auf der Teerstraße hoch (Schild), an der Glockenschmiede vorbei und auf einem bequemen, langsam ansteigenden Kiesweg am Bach entlang Richtung Thoraualm **02**. Unmittelbar nach den obersten Gebäuden setzt sich der Kiesweg als Bergpfad fort. Wir folgen hier dem deutlich sichtbaren Pfad, der nach rechts in das Tal hineinführt. Stets auf der rechten Seite haltend beginnt dieser bald anzusteigen und uns in steilen Serpentinen – teils über unangenehmen Schotter – schnell aufwärts zu bringen. Dieses Steilstück verläuft ungeschützt in der Sonne und hinterlässt im

Hochsommer seine Spuren. Man hält direkt auf die Felsen zu und gelangt so zu einem Grat, dem man nach rechts folgt.

Hier stößt man auf den Normalweg, der von links von Eschelmoos heraufführt. Rechts führt der Steig über gut begehbare Felsstufen weiter bis zu einer aussichtsreichen weiteren Wegzweigung: Rechts nach Egg (über Farnbödenalm), links zum Hochfelln. Von hier aus ist der Hochfellngipfel ebenso gut zu sehen wie die Thoraualm und der gesamte Anstiegsweg. Durch recht steilen Latschenbewuchs, über Felsen und Wurzeln gelangt man wenig später in eine Art Sattel (hier zweigt der Weg mit der gelben Nr. 8 ins Weißachental/Bergen ab) und nur

Hochgern und Kampenwand im letzten Abendlicht.

Minuten später hat man den gut erschlossenen Gipfel des Hochfelln **03** 🅾 erreicht.

Im Abstieg zurück auf dem Anstiegsweg bis zum Sattel und zum Schild Richtung Farnbödenalm. Zuerst links, aber kurz darauf den rechts abweichenden Pfadspuren nach unten folgen. Anfangs blasse, später deutlichere Markierungen. Skilift, Bergbahn und Bergstation werden links oben sichtbar. Über den Nordosthang zieht auch der Normalweg herab, der unter dem Skilift hindurch auf unseren Abkürzungssteig stößt.

Vorbei an der Fellnalm **04** gelangt man auf einem schönen Pfad zur nächsten Wegverzweigung. Wir verlassen den E4, der nach Egg weiterführt, und folgen der Markie-rung 65 rechts via Farnböden/Glockenschmiede. Auf breitem Weg, bei feuchten Verhältnissen etwas sumpfig, passiert man kurz darauf die Farnbödenalm **05** und folgt weiter dem leicht fallenden Fahrweg. Bei markierter Stelle zweigt rechts ein Pfad ab, der auf der linken Seite des Baches hinabführt, bis man bei einem großen, unbeschilderten Holzlagerplatz wieder auf den Anstiegsweg stößt.

Nach gut 15 Minuten hat man dann wieder die Glockenschmiede erreicht, wo man bei niedrigem Wasserstand kurz oberhalb den Bachlauf überqueren kann und direkt von oben zur interessanten Hammerschmiede-Anlage gelangt. Von hier auf der Straße in wenigen Minuten zur Staudiglhütte und zum Parkplatz **01**.

Dein Moment für die Ewigkeit

Üben, üben, üben...

Manchmal herrscht Zeitdruck für das perfekte Bild. Die Sonne geht nur einmal am Tag auf. Verpasst du es genau in dem Moment alle Einstellungen richtig gemacht zu haben, ist auch dein Wunschbild weg und du warst umsonst sehr früh wach. Deine Kamera und dein Equipment spielerisch zu beherrschen hilft dir, wenn es dann darauf ankommt.

21 Chiemgauer Aussichtskanzel Hochberg

Auch wenn man den Bergen mal kurz den Rücken zuwendet, hat man im Chiemgau oftmals einen schönen Blick. Ganz besonders gilt das für die leicht erreichbare Aussichtskanzel des Hochbergs.

Bilder von: **Thomas Kargl**
@maxlsbilderbuch

Hochberg

Tourencharakter
Leichte Wanderung auf ruhigen Nebensträßchen und schön angelegten Wald- und Uferwegen. Im Aufstieg sind ein paar steilere, aber nur kurze Passagen zu bewältigen.

Start und Ziel
Traunstein, Parkplatz an der Siegsdorfer Straße, bei der Chiemgauhalle.

Schwierigkeit: **leicht** - mittel - schwer
Dauer: **4:00 h**
Länge: **11,8 km**
Aufstieg **222 hm**
Abstieg **222 hm**

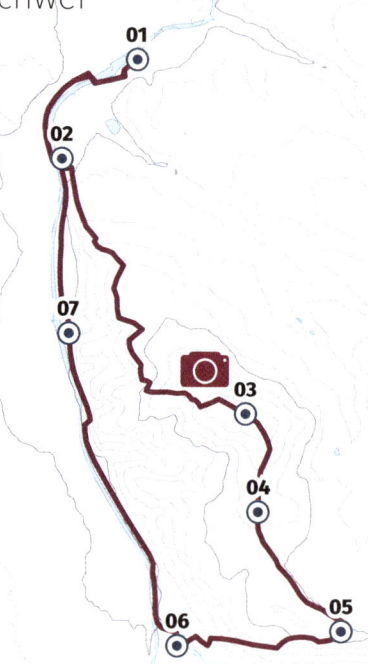

Höhenlinienmodell mit Streckenverlauf

Höhenprofil

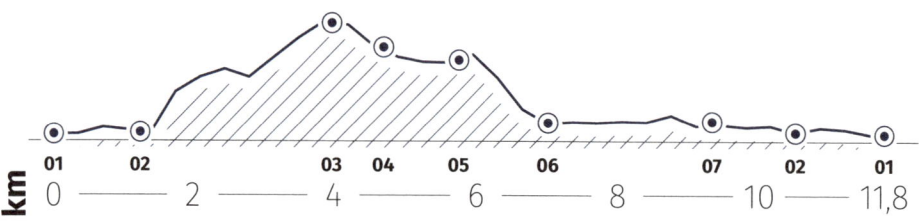

Eine vielseitige Wanderung, wie geschaffen für heiße Tage. Die erste Hälfte führt größtenteils durch schattigen Wald. Nach einem sonnigen Teilstück bietet die zweite Hälfte wieder Schatten entlang des kühlen Nasses der Traun.

▣ Vom großen Parkplatz bei der Chiemgauhalle in Traunstein **01** aus unterqueren wir die B 306. Wir halten uns rechts, schwenken vor der Freiluftkletteranlage nach rechts und überqueren die Bundesstraße und die Traun auf der Fußgängerbrücke.

Direkt nach der Brücke halten wir uns links, überqueren einen Bachlauf und folgen einem schmalen Fußpfad parallel zum Traunufer. Bei der nächsten (überdachten) Traunbrücke **02** gehen wir links über die Traun und unterqueren die Straße, stets der Markierung Nr. 10 Hochberg folgend. Kurz auf Asphalt, dann links auf einem schmalen Kiesweg, der bald in den Wald abbiegt und auf steilen Treppen den Waldhang hinaufleitet. Es geht aussichtsarm und schattig auf und ab, bis sich die Bäume lichten und den Blick Richtung Hochstaufen freigeben.

Man muss im Leben immer steil bergwärts gehen, das hält einfach jung – und macht glücklich.

Anderl Heckmair, deutscher Bergführer und Erstbesteiger der Eigernordwand (1906–2005)

Nach einer scharfen Rechtskurve folgen wir dem Abzweig nach rechts, kreuzen diverse Bachläufe und erreichen nach einer letzten Linkskehre den Waldrand. Der Markierung folgend rechts wieder in den Wald hinein geht es über einen kreuzenden Forstweg erneut zum Waldrand. Wir orientieren uns am vor uns auftauchenden Sendemasten. Über Wiesengelände stoßen wir auf die Fahrstraße und erreichen rechts haltend Hochberg mit seiner grandiosen Panoramasicht.

Vorbei an der Sendeanlage, dem Feuerwehrhaus und dem Alpengasthof Hochberg **03** wandern wir auf dem Asphaltsträßchen leicht bergab. Über Stein und Höll **04** geht es an imposanten Bauernhäusern vorbei gemächlich abwärts, bis wir auf die Abzweigung rechts nach Hinterwelln **05** (Nr. 10) treffen. Hinter einem eindrucksvollen Bauernhaus biegen wir rechts auf einen Naturweg ab. Es geht in den Wald und in Kehren bergab. Der Autobahn näherkommend stoßen wir auf eine Asphaltstraße, der wir links folgen (Beschilderung Traunauen/Siegsdorf). Der Hochbergstraße entlang, bis links die Betzstraße abbiegt, die uns über eine Brücke und am Wehr **06** vorbei zum Ufer der Roten Traun bringt. Dort endet der Asphalt, wir unterqueren die B 306 und der kurvige Naturweg leitet uns zum großen Pendlerparkplatz bei der Brücke über die Weiße Traun. Wir folgen dem gekiesten Traunsteig am Ufer der Weißen Traun entlang, überqueren auf einer Eisenbrücke die Rote Traun und stoßen auf die B 306.

Auf einem breiten Fußweg bleiben wir zwischen Traun und Bundesstraße, passieren auf einem deutlich schmaleren Wegstück das Seiboldsdorfer Traun-Wehr **07**. Bald ist – bei der Straßenunterführung und kurz vor der überdachten Traunbrücke **02** – die Verzweigung mit dem Hinweg erreicht, auf dem wir gemütlich zur Chiemgauhalle **01** zurückwandern.

Dein Moment für die Ewigkeit

Bildkomposition

Die Bildkomposition ist einer der wichtigsten Eckpunkte der Fotografie. Das Spiel der Bildaufteilung, der Platzierung von Motiven, Personen und die Art sie in Bezug zu setzen gestaltet dein Bild. Die bekanntesten Konzepte sind der Goldene Schnitt und die Goldene Spirale (Fibonacci-Spirale). Ein wohlüberlegter Bildschnitt macht oft den Unterschied zwischen Schnappschuss und druckenswertem Bild.

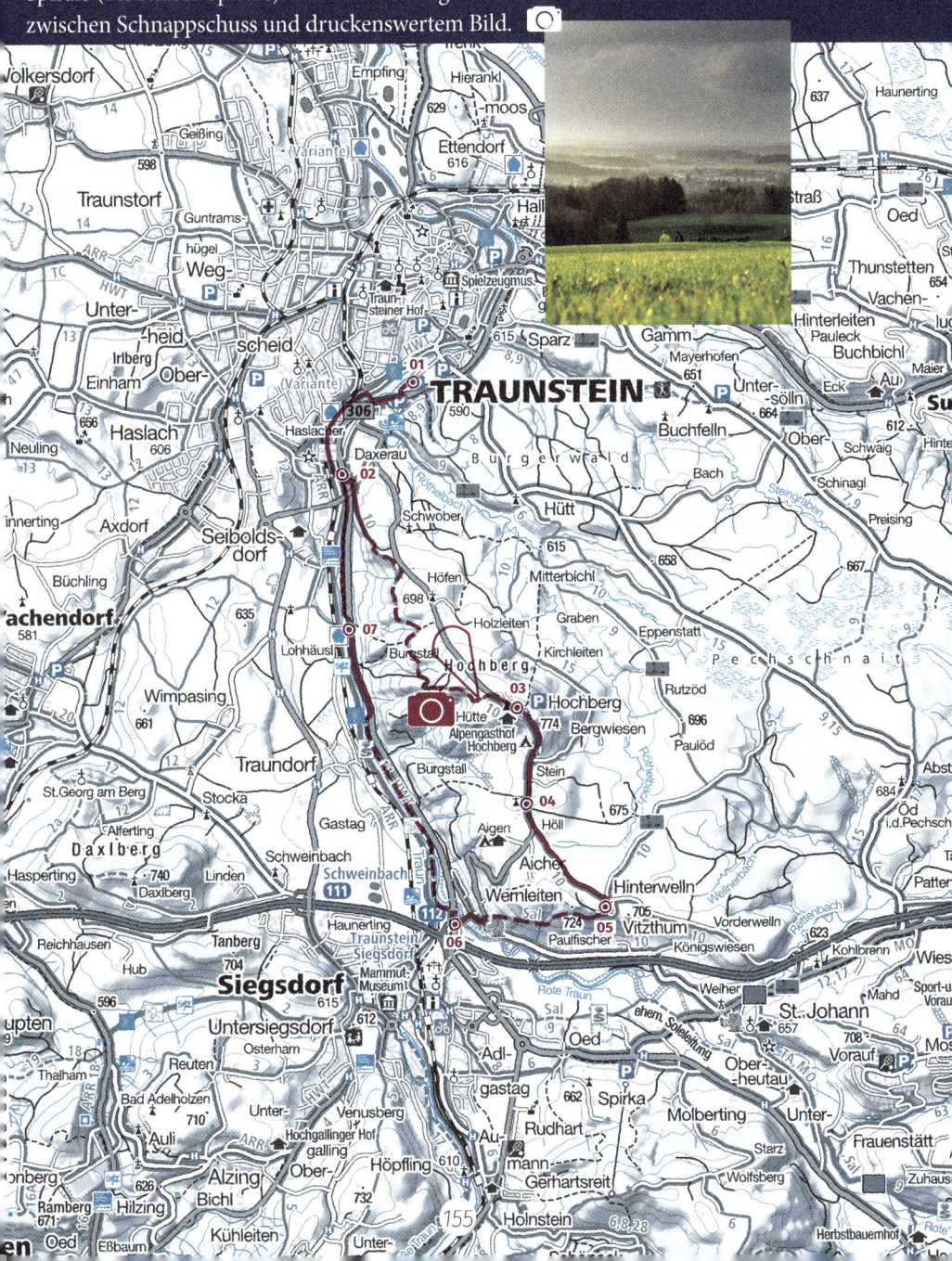

22 Unternberg – Freizeitgipfel von Ruhpolding

Egal wie viele man erlebt – Sonnenuntergänge im Gebirge sind immer große Momente. Hier am Unternberg sind sie dank Sesselbahn, gut ausgebauter Wanderwege und überschaubarer Distanzen fast schon unverschämt leicht zu haben. Nur die Stirnlampe für den Abstieg sollte nicht vergessen werden, denn der letzte Lift ins Tal fährt schon um halb sechs.

Bilder von: **Michael Perschl**
@perschl_miche

Unternberg 1425 m

Tourencharakter
Schöne, bequeme Wanderwege, nur im oberen Bereich etwas steilere Abschnitte.

Start und Ziel
Ruhpolding, Unternbergbahn-Talstation, 880 m (Parkplatz)

Schwierigkeit: **leicht** - mittel - schwer
Dauer: **3:15 h**
Länge: **7,6 km**
Aufstieg **600 hm**
Abstieg **600 hm**

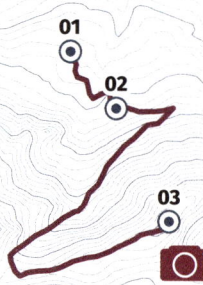

Höhenlinienmodell mit Streckenverlauf

Höhenprofil

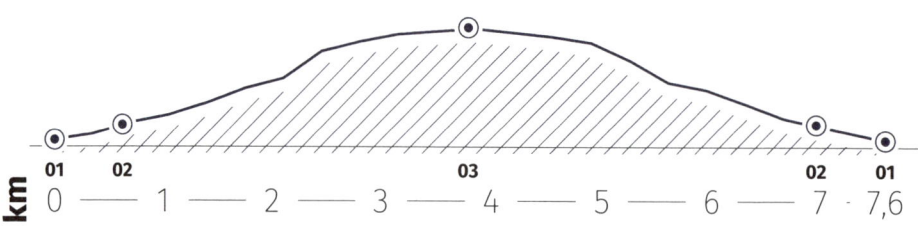

Abendliche Farben- und Wolkenspiele lassen das Sonntagshorn besonders schön aussehen.

Am Lebensende kommt es nicht darauf an was wir haben, was wir hinterlassen. Es kommt darauf an, was wir gemacht, was wir erlebt haben.

Reinhold Messner, Abenteurer (*1944)

Dass der Unternberg auf seiner Nordseite ein beliebtes Skigebiet – inzwischen sogar mit Flutlichtanlagen – ist, wird dem Sommerwanderer auf Schritt und Tritt bewusst. Nicht nur wenn er über die steile und kehrenreiche Straße zur Talstation am Skilift entlangfährt oder – im Falle des ganz bequemen Aufstiegs – die Doppelsesselbahn benutzt, sondern auch auf den verschiedenen Wanderrouten im Gipfelbereich, die immer wieder über Skiabfahrten verlaufen. Bis zur Raffneralm wird die Straße durch den öffentlichen Verkehr bedient, d. h. man kann den Ausgangspunkt dieser Wanderung je nach Wunsch stark variieren.

▶ Von der Talstation **01** der Unternbergbahn gelangen wir auf dem Fahrweg in wenigen Minuten hoch zur Raffneralm **02**. Wir bleiben weiter auf dem Weg mit Mark. 4 und wandern stets ansteigend durch den schattigen Tannenwald zum Schwendtboden hinauf. Dabei unterqueren wir nach einer scharfen Rechtswendung kurz oberhalb der Raffneralm die Seilbahn und folgen einer langen Traverse hinauf, bis wir das Waldgelände verlassen und ins Freie treten. Hier folgt ein deutlich steilerer Steig über die Skipiste und über einen steinigen Graben zu den Almflächen der Unternbergalm. Wir schwenken nach links und gelangen zu einem schön angelegten Höhenwanderweg am Grat entlang. Vorbei an der Bergstation erreichen wir schließlich den Gipfel des Unternbergs 03 🅾. Der Abstieg verläuft über den Anstiegsweg, alternativ können wir die Bahn benutzen.

Dein Moment für die Ewigkeit

Schau auf dein Timing

Die Zeit vor dem Sonnenaufgang und nach dem Sonnenuntergang ist für Fotografen besonders geeignet. Das Licht hat eine fast künstliche blaue Farbe. Der Name „Blaue Stunde" bezieht sich dabei eher auf den Zeitpunkt. Das Phänomen hält etwa 30 bis 50 Minuten an und wird durch den Sonnenstand von 4 bis 8 Grad unterhalb des Horizontes ausgelöst.

23 Drei Seen, viele Berge

Es sind keine atemberaubend hohen, aber durchaus markante Gipfel, die den Weit-, den Mitter- und den Lödensee im Herzen der Chiemgauer Alpen einfassen. Und was die Aussicht angeht, müssen sie sich vor den Großen nicht verstecken.

Bilder von: **Michael Perschl**
@perschl_miche

Gurnwandkopf – Hörndlwand

Tourencharakter
Schöne Bergwanderung, anfangs auf einem steilen Waldpfad, dann auf guten Bergpfaden; im Gipfelbereich der Hörndlwand einige felsige Passagen. Auch der alternative Abstiegsweg wartet im Wald mit steileren Abschnitten auf.

Start und Ziel
Weitsee zwischen Ruhpolding und Reit im Winkl, 775 m; Parkplatz Weitsee zwischen diesem und dem Mittersee; Bushaltestelle Weitsee, Badeplatz in der Nähe.

Schwierigkeit: leicht - **mittel** - schwer
Dauer: **6:00 h**
Länge: **10,8 km**
Aufstieg **985 hm**
Abstieg **985 hm**

Höhenlinienmodell mit Streckenverlauf

Höhenprofil

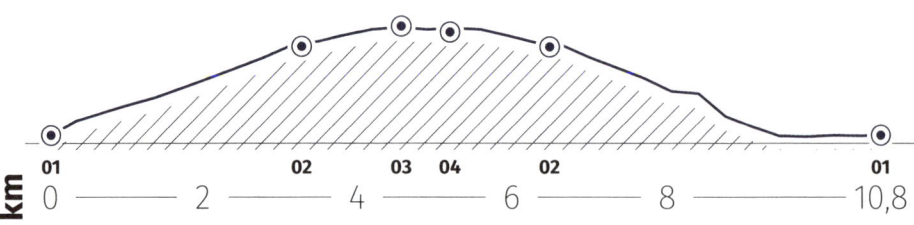

Das markante Kreuz passt zum prächtigen Gipfel der Hörndlwand.

Rund um die Seen erwartet Sie eine einzigartige Landschaft, die nicht umsonst „Klein-Kanada" genannt wird.

www.chiemsee-chiemgau.info

▶ Wir parken zwischen Weitsee **01** und Mittersee und steigen in Richtung Nord auf einem unmarkierten, aber deutlich erkennbaren Waldpfad hoch. Die anfangs steile und kehrenreiche, aber auch sehr schattige Route lässt uns rasch an Höhe gewinnen. Wir stoßen auf die Verzweigung mit unserem späteren Abstiegsweg und halten uns weiter ziemlich steil bergan. Es geht schweißtreibend durch den Wald hoch, bis man einen Sattel und den Rand des Kienberger Hochplateaus **02** erreicht. Hier bieten sich schöne Ausblicke hinüber zum Dürrnbachhorn. Nach einem weiteren kurzen Aufstieg gelangt man zu einer beschilderten Wegverzweigung. Von links kommt der mit Nr. 47 markierte Röthelmoosweg herauf, während nach rechts der Weg zur Hörndlwand und zum Ostertal

ausgeschildert ist. Direkt vor uns erhebt sich der Gurnwandkopf, dessen Anstiegsroute zum Gipfelkreuz gut zu erkennen ist.

Wir peilen die Einschartung im Gratverlauf zwischen Gurnwandkopf und Hörndlwand an und steigen links über eine deutlich ausgeprägte Schneise hoch zum Gipfel des Gurnwandkopfes **03**. Von dort folgen wir dem Grat hinüber zur Hörndlwand **04** 📷, dessen felsiger Gipfelaufbau auch die Zuhilfenahme der Hände verlangt. Zurück zur Einschartung halten wir uns links und queren wieder unterhalb des Gurnwandkopfs zum Kienberger Hochplateau **02** hinüber. Der Abstiegsweg verläuft über den Sattel wieder in den Wald hinein und auf dem steilen, serpentinenreichen Pfad abwärts bis zur Wegverzweigung. Hier halten wir uns links, folgen dem markierten Weg, auf dem wir im Wald am Hang entlang zunächst längere Abschnitte queren. Wir steigen dann weiter ab und erreichen kurz vor dem Lödensee den Drei-Seen-Wanderweg. Hier schwenken wir nach rechts und wandern am Waldrand entlang zurück zu unserem Ausgangspunkt zwischen Mittersee und Weitsee **01**.

Latschen, Wald und Kaiser-Blicke gibt es am Gurnwandkopf.

Dein Moment für die Ewigkeit

Stabil

Grundsätzlich gilt der doppelte Brennweitenwert für die Belichtungszeit als Garant gegen verwackelte Bilder. Beispielsweise bei einer Brennweite von 50 mm sollte man mit mindestens 1/100 belichten. Wer kein Risiko eingehen will nimmt gleich ein kleines Stativ mit oder improvisiert vor Ort. Das Bild hat eine Brennweite von 20.5 mm und eine Belichtungszeit von 1/250.

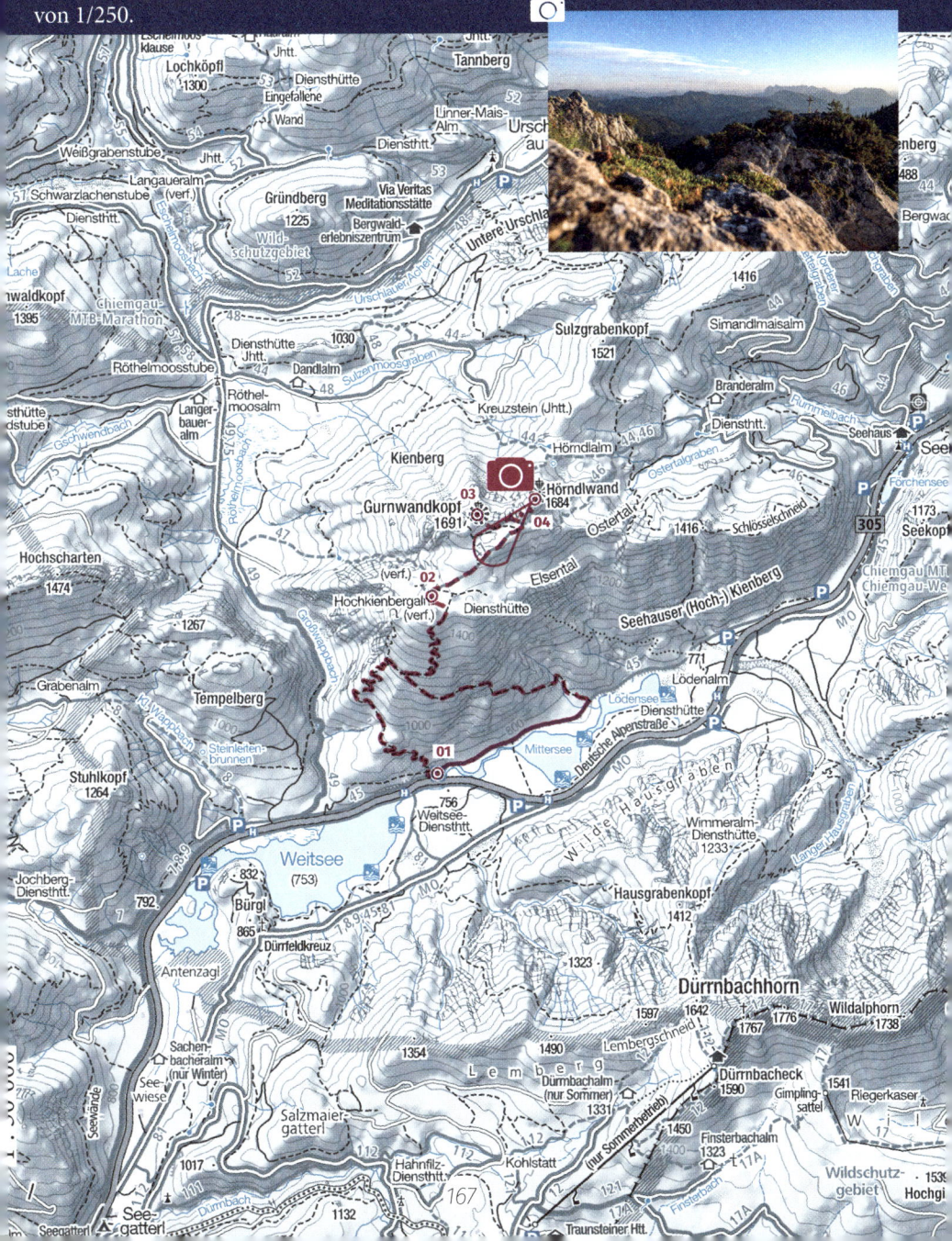

24 Kleiner Gipfel, großes Ambiente

Vom Vorgipfel aus wird deutlich, warum der Saurüsselkopf seinen Namen trägt. Zugleich löst die einzigartige Silhouette diesen unwiderstehlichen „Ich muss da rauf"-Impuls im Wandererherz aus.

Bilder von: **Michael Perschl**
@perschl_miche

Saurüsselkopf 1270 m

Tourencharakter
Bis zur Abzweigung auf den schmalen Waldpfad radtauglicher Kiesfahrweg, dann steilerer und kehrenreicher Anstieg über den Waldhang hoch und über einen Vorgipfel zum felsigen Saurüsselkopf. Nur im oberen Bereich etwas schwieriger.

Start und Ziel
Ruhpolding/Laubau, großer Parkplatz beim Holzknechtmuseum, 700 m.

Schwierigkeit: leicht - **mittel** - schwer
Dauer: **3:30 h**
Länge: **12,0 km**
Aufstieg **675 hm**
Abstieg **675 hm**

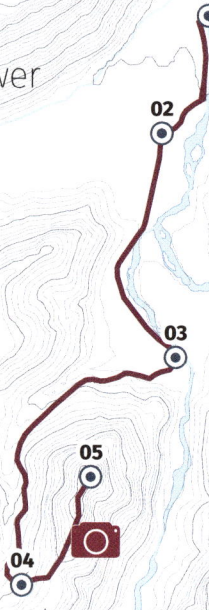

Höhenlinienmodell mit Streckenverlauf

Höhenprofil

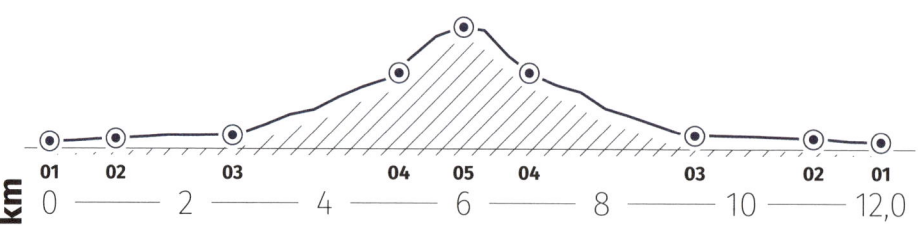

Ist der Berg auch noch so steil, a bisserl was geht allerweil.
Österreichisches Sprichwort

Tief in den Wald geht es am Saurüsselkopf.

Den etwas eintönigen Zugang über den anfangs leicht, dann etwas stärker ansteigenden Kiesfahrweg kann man sich mit dem Rad erleichtern. Je nach Lust und Kondition lassen sich zwischen 3 bis 5 km Fußmarsch einsparen.

▶ Vom Parkplatz beim Holzknechtmuseum **01** wandern wir südwärts auf geteertem Weg Richtung Staubfall, halten uns bei einer Verzweigung rechts und folgen dem Kiesweg zur Fuchswiese **02**. Nach links und auf dem Kiesfahrweg weiter, vorbei an einer

Infotafel beim Biathlongelände. Bei der nächsten Verzweigung links via Staubfall überqueren wir eine Brücke **03** und biegen danach rechts ab. Wir folgen dem breiten Kiesweg, bis nach einem etwas flacheren Stück eine Linkskurve kommt. Hier teilt sich der Weg, wir halten uns links, steigen wieder leicht an. In der folgenden Rechtskurve zweigt links ein schmaler, nicht markierter, aber gut erkennbarer Pfad **04** ab.

Der wurzelige, kehrenreiche Steig schlängelt sich den Waldhang hoch, wir erreichen eine Kuppe, der Wald wird lichter und wir gelangen auf einen Grat, der rechts abfällt. Links vom Gratabbruch steigen wir weiter in Kehren hoch und erreichen nach einem kurzen Zwischenabstieg die nächste Kuppe. Nach ein paar flacheren Metern, mit Talblick nach rechts und links, geht es zum latschenbewachsenen Vorgipfel hoch **O**. Von hier hat man einen schönen Blick hinüber zum nicht mehr weit entfernten Gipfelkreuz. Links am Vorgipfel vorbei steigen wir auf einem wurzeligen, felsigen Steig steil abwärts in eine Senke und dann durch Latschen hoch zum bald wieder sichtbaren Gipfelkreuz des felsigen Saurüsselkopfs **05**. Der Abstieg verläuft auf dem Anstiegsweg. Im Gipfelbereich und am Grat entlang ist auch im Abstieg etwas Vorsicht angebracht, der Weg ist teils steil, ausgesetzt und kann rutschig sein.

Dein Moment für die Ewigkeit

Der Sucher

Überleg dir früh genug was du fotografieren willst und wo dafür der beste Standort ist. Erst der Blick durch den Sucher oder auf das Display zeigt dir, ob die gewählte Position optimal ist. In unserer Wahrnehmung blenden wir uninteressante Partien am Rand aus oder fokussieren uns auf ein Detail. Den attraktiven Bildbereich müssen wir beim Fotografieren aktiv auswählen.

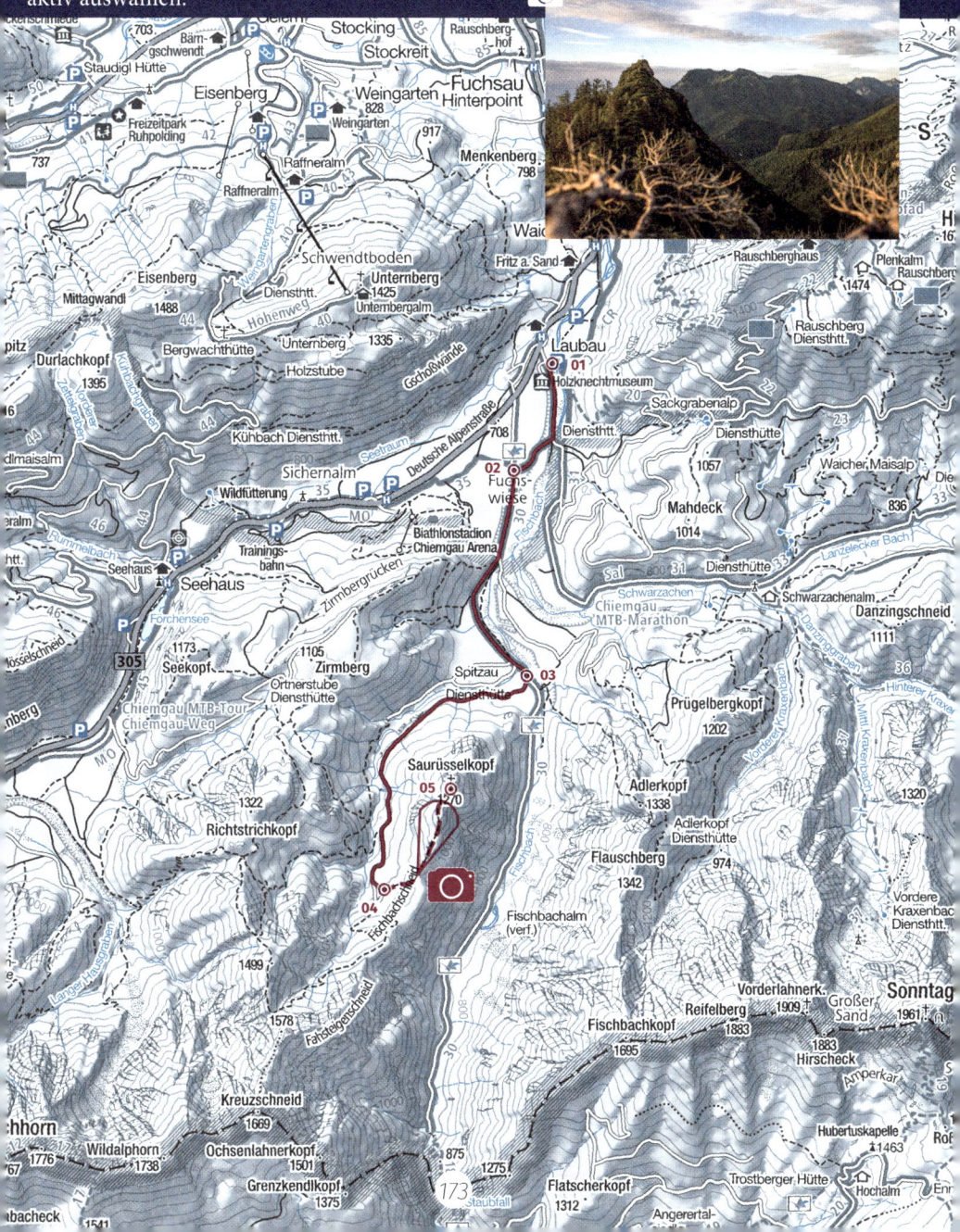

25 Dürres Horn – fette Sicht

Die Finsterbachalm liegt am Weg von der Winklmoosalm auf das Dürrnbachhorn. Den fernen Horizont schmückt die Kampenwand – oben auf dem
Gipfel gesellen sich noch unzählige weitere Berge ins
Panorama dazu.

Bilder von: **Michael Perschl**
@perschl_miche

Auf das Dürrnbachhorn 1776 m

Tourencharakter
Aussichtsreiche Bergwanderung auf Forstwegen und Pfaden, der obere Anstiegsteil und eine Stelle im Abstieg sind steiler und felsiger, aber problemlos zu begehen.

Start und Ziel
Winklmoosalm, 1152 m; Zufahrt von Reit im Winkl Richtung Ruhpolding zum Seegatterl, von dort auf einer Mautstraße.

Schwierigkeit: **leicht** - mittel - schwer
Dauer: **2:45 h**
Länge: **4,9 km**
Aufstieg **166 hm**
Abstieg **624 hm**

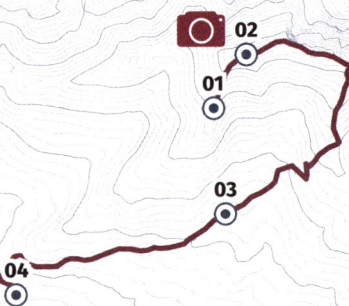

Höhenlinienmodell mit Streckenverlauf

Höhenprofil

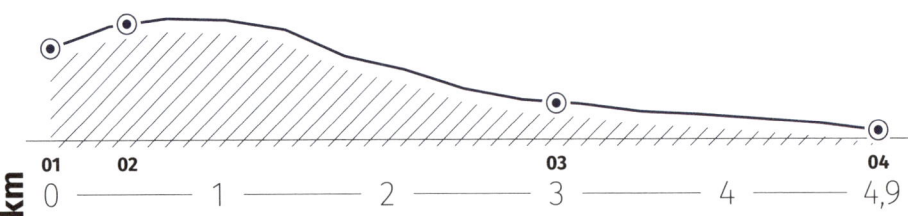

Windzersauste Bäume bei der Finsterbachalm.

Wer schon immer beim Wandern Grenzen überschreiten wollte, der ist bei der Gratwanderung am Dürrnbachhorn genau richtig.

www.chiemsee-chiemgau.info

Das Dürrnbachhorn ist einer der schönsten Aussichtsgipfel in den Chiemgauer Alpen und der Hausberg der Winklmoosalm, die vor allem Skifahrer kennen und schätzen. Mit Hilfe der Sesselbahn zum Dürrnbacheck kann man die schöne Gipfel- und Aussichtswanderung auch als Halbtagestour planen und durchführen.

▶ Von der Bergstation **01** folgen wir den Markierungen zum Dürrnbachhorn und stoßen bald auf den Anstiegsweg von der Winklmoosalm. Die letzte Etappe zum Dürrnbachhorn-Gipfel **02** 📷 ist mit Holzstufen versehen, die den teils recht steilen und felsigen Schlussanstieg erheblich erleichtern.

Der Abstieg über den Grat ist vorgegeben (eine steilere, aber harmlose Stufe ist zu überwinden), bis wir nach gut 10 Minuten auf die markierte Abzweigung nach rechts Richtung Süden treffen (Nr. 12), die uns zur bereits sichtbaren Finsterbachalm **03**

Die Loferer Steinberge im Südosten formen eine beeindruckende Hochgebirgsmauer.

hinableitet. Auf einem bequemen Fahrweg wandern wir gemächlich weiter. In einer Linkskurve verlassen wir den Fahrweg nach rechts und gehen durch eine Schranke in den Wald hinein.

Bald stoßen wir kurz oberhalb der Talstation auf den Aufstiegsweg. Wir folgen ihm nach links und erreichen ein paar Minuten später den Parkplatz auf der Winklmoosalm **04**.

Dein Moment für die Ewigkeit

Fotografieren mit Gegenlicht

... das ist Fluch und Segen in einem. Gegenlicht lässt Haare in Gold erstrahlen wie hier. Es besteht aber auch die Gefahr von Blendenflecken, Über- und Unterbelichtung. Setze die Belichtungsmessung weder an dem hellsten (Sonne), noch an dem dunkelsten Fleck (Schatten) an. So wird das Bild gleichmäßiger belichtet

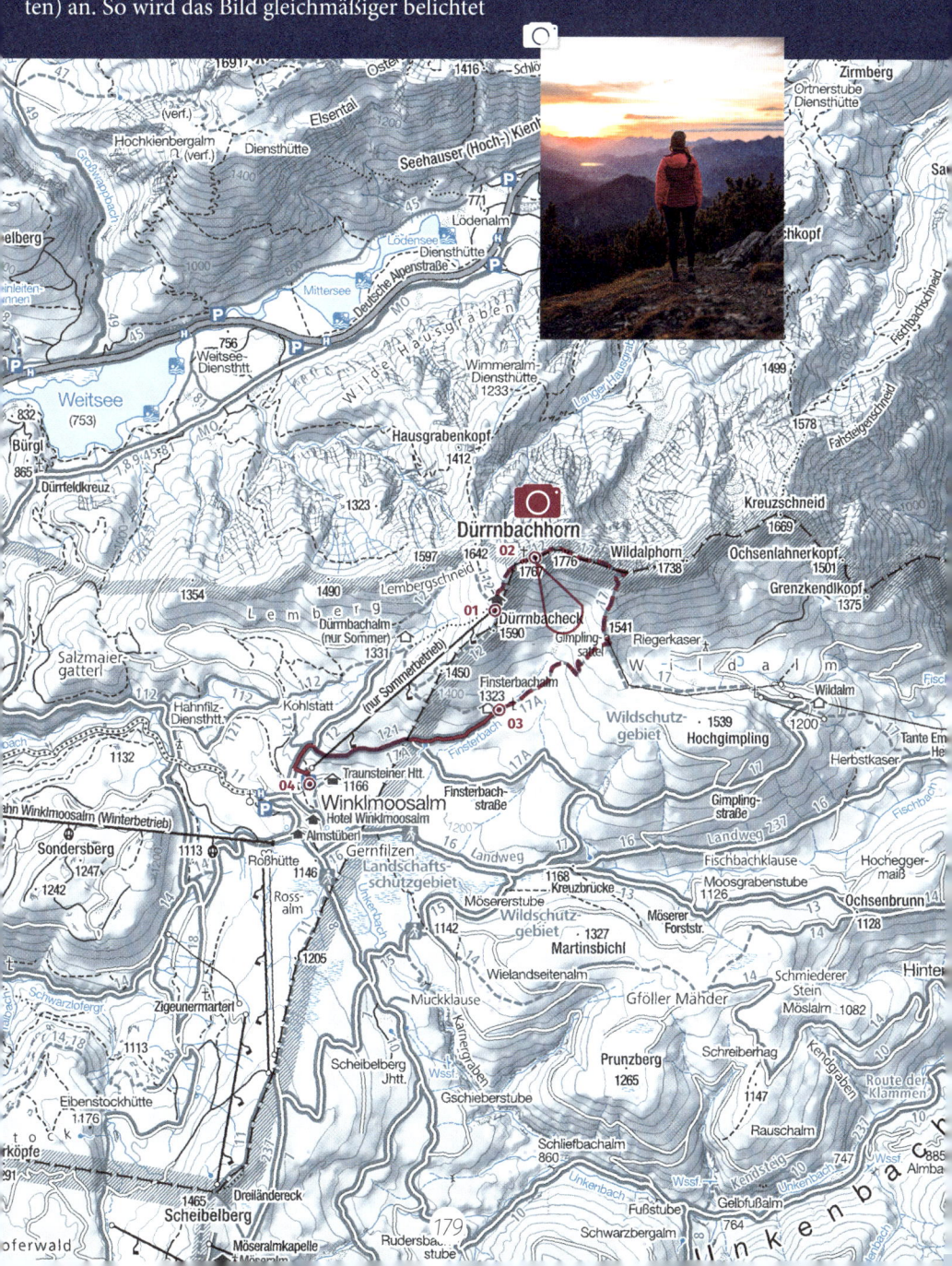

26 Mächtiges Kienbergmassiv

Vom Kienberg-Doppelgipfel schweift der abendliche Blick zum Rauschberg-Doppelgipfel. Zusammen formen diese Zacken ein klotziges Massiv, das mit vielen Tourenmöglichkeiten und idealen Chiemgau-panoramen lockt.

Bilder von: **Michael Perschl**
@perschl_miche

Streicher 1594 m, Zenokopf 1603 m

Tourencharakter
Waldwege und Bergpfade, der Knappensteig weist einige steilere Passagen auf, bei Nässe Rutschgefahr.

Start und Ziel
Inzell, Schmelz, 752 m (großer Parkplatz).

Schwierigkeit: leicht - **mittel** - schwer
       Dauer: **4:30 h**
       Länge: **6,6 km**
    Aufstieg **895 hm**
    Abstieg **895 hm**

Höhenlinienmodell mit Streckenverlauf

Höhenprofil

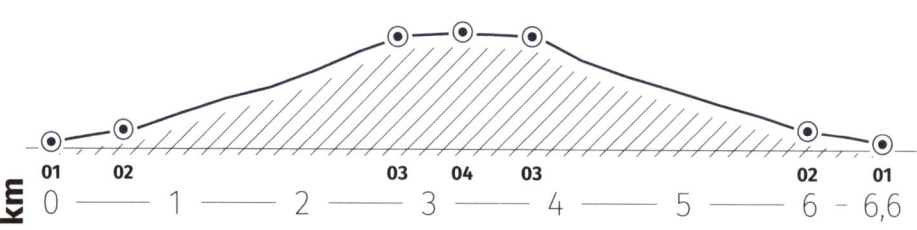

> Alle Menschen werden die Wahrnehmungen machen, dass man auf hohen Bergen, wo die Luft rein und dünn ist, freier atmet und sich leichter und geistig heiterer fühlt.

Jean-Jacques Rousseau (1712–1778)

Ein deutlicher Sattel trennt das Rauschbergmassiv vom Inzeller Kienberg und seinen beiden nahe beieinanderliegenden Hauptgipfeln, Streicher, 1594 m, und Zenokopf, 1603 m. Ein Großteil der Tour verläuft über den ehemaligen „Knappensteig" und weist noch einige wenige Reste des einst hier betriebenen Bergbaus auf.

▶ Wir beginnen unsere Tour oberhalb von Schmelz **01** (links an der Straße von Inzell ist ein ausgeschilderter kleiner Parkplatz). Dort weist uns auch ein Schild den Weg zum Inzeller Kienberg, zum Streicher und zur Kaitlalm (Mark. 18). In den Wald hinein und leicht ansteigend passieren wir bald die hübsche Fahrriesboden-Kapelle **02** und folgen dem markierten, ständig steigenden Weg weiter durch den Wald. Nach ca. 1 Std. verlassen wir den Wald und der nun folgende Knappensteig führt kehrreich und mit längeren Querungen über eine auffallende Geröllhalde und lässt anhand der vermauerten Stollen erahnen, dass hier früher intensiver

Bergbau betrieben wurde. Der Weg steigt zum Talschluss hin deutlich steiler an und führt in teils engen Kehren und über felsige Stufen hoch zu einer kleinen Einschartung, einem grasigen Sattel, zwischen den Wänden des Zenokopfs und des Streichers. In wenigen Minuten gelangen wir rechts zum bereits sichtbaren Gipfelkreuz des Streichers **03** 📷. Der unwesentlich höhere Zenokopf **04** lässt sich von der Einschartung aus ebenfalls besteigen (Einstieg bei markiertem Fels, der Weg verläuft etwas mühsam durch Latschen). Der Abstieg verläuft über den Anstiegsweg.

Dein Moment für die Ewigkeit

ISO-Wert

Mit dem ISO-Wert stellst du oder der Automatikmodus die Lichtempfindlichkeit des Sensors ein. Je höher der Wert umso weniger Licht wird benötigt und umso heller wird ein Foto. Der Nachteil ist, es erhöht sich auch das „Rauschen" des Bildes mit einem höheren Wert. Teste deine Kamera und finde den maximalen Wert. Bei Tageslicht sollte der Wert so gering wie möglich sein.

27 Erlebnisvielfalt am Tachinger See

Wasser, Wald, Wiesen, Berge und hier und da ein keckes Kirchlein. Diese Elemente zeigen sich bei der Tour am Tachinger See immer wieder ein bisschen anders und immer wieder schön zusammengestellt.

Bilder von: **Sabrina von Bein**
@die_raubritterin

Rund um den Tachinger See

Tourencharakter
Kurze Asphaltpassagen, aber viel Wiesen-, Wald- und Uferwege, zwischendurch sogar ein Stück Barfußpfad.

Start und Ziel
Taching am See, Parkplatz beim Bergwirt (Kirchberg 5), vor der Tourist-Info.

Schwierigkeit: **leicht** - mittel - schwer
Dauer: **4:30 h**
Länge: **15,1 km**
Aufstieg **191 hm**
Abstieg **191 hm**

Höhenlinienmodell mit Streckenverlauf

Höhenprofil

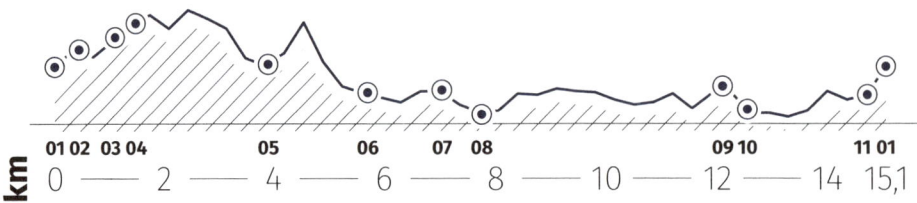

Kapellen und Kirchen, Badeplätze und Einkehrmöglichkeiten einerseits, herrliche Wald- und Seeuferwege andererseits: eine aussichtsreiche und vielerorts auch stille Genusswanderung.

▶ Wir starten vor der Kirche in Taching am See **01** und schwenken links in die Kirchfeldstraße ein. Am Dorfende folgen wir dem schmalen, leicht ansteigenden Kapellenrundweg (Schild) über die Wiesen. Auf der aussichtsreichen Anhöhe passieren wir die Marterl-Kapelle **02**. Leicht abwärts folgen wir am Abzweig der Beschilderung nach links. Der Weg schlängelt sich durch Wiesen, bis wir auf eine Autostraße und gegenüber auf die Huber-Schmid-Kapelle **03** treffen. Rechts

neben der Straße passieren wir nach ca. 200 m das Ortsschild Eging **04**. Wir folgen nun dem Barfußweg-Schild 50 m geradeaus und gehen dann rechts Richtung Hammerloh.

Bald endet der Asphalt und es geht über freies Gelände. Bei der nächsten Abzweigung bleiben wir links, überqueren die Vorfahrtsstraße und folgen dem schmalen Kiespfad neben der Straße nach links. Hinter einem Gebäude biegen wir rechts ab (Schild Birkenhof und Barfußweg). Nun ein Stück am Waldrand entlang, den wir kurz nach dem Abbiegen erreichen, anschließend rechts in den Wald hinein und dem Barfußweg-Schild auf dem Forstweg folgen. Auf einem breiteren Weg bald wieder rechts, (Barfußweg-Schild).

Wandern ist die vollkommenste Art der Fortbewegung, wenn man das wahre Leben entdecken will. Es ist der Weg in die Freiheit.

Elizabeth von Arnim, englische Schriftstellerin (1866–1941)

Hochstaufen und Zwiesel hinterm Tachinger See.

Wir verlassen den Wald und passieren die Abzweigung nach Grendach. Bei der nächsten Kreuzung halten wir uns links, Richtung Pertenham **05**. An einem Bauernhof vorbei erreichen wir bald wieder den Wald, stoßen dann auf eine asphaltierte Straße, der wir nach rechts folgen und das Ortsschild Tengling **06** passieren. Bei der ersten Kreuzung rechts und vor zur St 2105. Auf dem Gehweg entlang der Straße biegen wir kurz unterhalb der Kirche rechts Richtung Strandbad ab. Entlang des kleinen Kanals verlassen wir das Dorf, passieren eine informative Bergbestimmungstafel und einen Sportplatz, bis links die Abzweigung zur St. Colomankirche **07** hochführt.

Von dort steigen wir über den Wiesenhang hinab zum Asphaltsträßchen, gehen ein paar Meter rechts und folgen dann der Abzwei-

gung links zum Strandbad Tengling **08**. Dort links am Zaun entlang und in einen schmalen Naturpfad einbiegen, bis wir auf einen breiteren Kiesweg nahe des Seeufers gelangen. Weiter auf einem sehr schönen Waldweg (Seerundweg, weißes „S" auf blauem Grund) vorbei am See und nach Tettenhausen **09**. Bei der nächsten Verzweigung rechts und erneut rechts Richtung Waging abwärts zum Gasthof zum Badwirt **10**. Über eine Holzbrücke wandern wir dann an der Straße entlang Richtung Taching. Nach ca. 1 km unterqueren wir sie und folgen dem Fuß-/Radweg nach Taching **11**. Hinter dem Ortsschild biegen wir links ab in die Mühlstraße und zuletzt rechts in die Kirchbergstraße, über die wir zurück zum Ausgangspunkt gelangen. Von hier lohnt sich noch ein kleiner Abstecher auf dem See-Rundweg für einen perfekten Fotoblick 📷.

Dein Moment für die Ewigkeit

Bohek-Effekt

okeh leitet sich aus dem Japanischen ab und kann mit „unscharf" oder „Nebel" übersetzt werden. Damit wird der Effekt des zu ästethisch-verschwommenen Vorder- oder Hintergrundes bezeichnet. Um wie hier den Vordergrund verschwimmen zu lassen, solltest du die Blende öffnen und die Distanz von Linse zu Vordergrund verringern.

28 Natur und Kultur am Waginger See

Weniger bekannt aber nicht weniger schön ist der östliche Rand des Chiemgaus um den Waginger See. Auch was die Sport- und Freizeitmöglichkeiten angeht, steht diese Gegend dem touristischen Zentrum kaum nach.

Bilder von: **Michael Perschl**
@perschl_miche

Mühlberg – Waginger See

Tourencharakter
Leichte Wanderung auf Uferwegen und asphaltierten Nebensträßchen, Geh-
und Radwegen, mit kurzem Anstieg zur Wallfahrtskirche Mühlberg, sonst ohne
nennenswerte Höhenunterschiede.

Start und Ziel
Parkplatz beim Strandbad Zum Seeteufel, an der St 2105.

Schwierigkeit: **leicht** - mittel - schwer
Dauer: **3:45 h**
Länge: **12,0 km**
Aufstieg **121 hm**
Abstieg **121 hm**

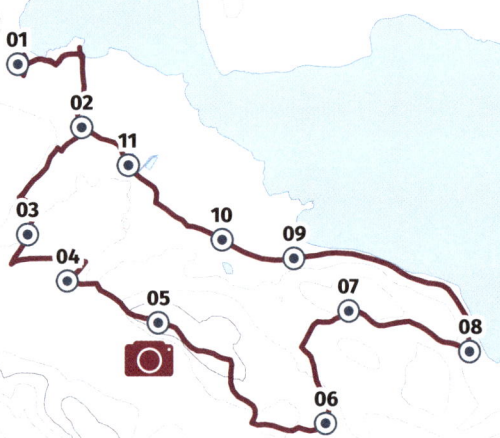

Höhenlinienmodell mit Streckenverlauf

Höhenprofil

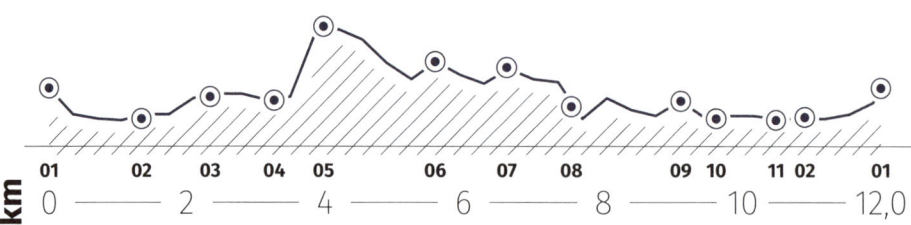

Die Waginger Rundtour über den aussichtsreichen Mühlberg vermittelt viele und ganz unterschiedliche Eindrücke: Ruhig und einsam offenbart sich uns zunächst eine sanft hügelige, weite Acker- und Wiesenlandschaft im Hinterland des Chiemsees, bevor wir dann an lebhaften Campingplätzen und Badebuchten vorbei wieder touristische Betriebsamkeit erleben.

▶ Vom Parkplatz Seeteufel **01** starten wir auf Asphalt, zweigen dann im Wald links auf den gekiesten Seerundweg (Markierung „S") ab. Am Campingplatz vorbei gelangen wir nach Fisching **02**, halten uns geradeaus, unterqueren die Autostraße und biegen vor dem Häckselplatz über den Bach rechts ab. Am Bach entlang führt das asphaltierte Sträßchen bis zu den Häusern, wo wir uns links halten und bald den Kur- und Erlebnispark erreichen. Über die Strandbadallee kommen wir direkt zum Baiuwaren- und Vogelmuseum **03** (beide Museen zurzeit geschlossen).

Nun folgen wir dem Bajuwarenweg entlang der Straße, am Friedhof vorbei, bis wir die Autostraße unterqueren und rechts Richtung Wallfahrtskirche Mühlberg spazieren. Bei einer kleinen Kapelle **04** halten wir uns links und wandern – rechter Hand das Landgasthaus Tanner lockend – hinüber zum Kirchturm auf dem Hügel. Zuerst auf Asphalt, dann auf einem schmalen Weglein geht es über viele Stufen zur Wallfahrtskirche Mühlberg **05**, die traumhafte Aussicht bietet 📷 . Auf dem asphaltierten Sträßchen wandern wir mit fantastischen Ausblicken über den Waginger See und in die Berge Richtung Hirschhalm leicht abwärts durch weite, offene Wiesenlandschaft. Nach links folgen wir dem Bajuwarenweg nach Wendling **06** und steigen wieder etwas an nach Seeleiten **07**, bevor sich das Sträßchen nach Buchwinkel **08** senkt.

Bei der Vorfahrtsstraße halten wir uns links, unterqueren diese und folgen dem Radweg/Bajuwarenweg. Nach einem kur-

Ich bin der Meinung, dass alles besser gehen würde, wenn man mehr ginge.
Johann Gottfried Seume, deutscher Schriftsteller (1763–1810)

Die Wallfahrtskirche St. Leonhard taucht aus dem Morgennebel auf.

zen Abstecher rechts zum See geht es rund 1 km zwischen Straße und See eben dahin, bis wir scharf rechts auf einen Wiesenweg abbiegen, der am Waldrand entlang und vor zum See führt. Links an einer Hecke entlang bringt uns der Weg zur Seealm **09** und zum Camping Schwanenplatz. Bei Gaden **10** treffen wir wieder auf den asphaltierten Radweg, der kurz darauf die begleitende Straße verlässt und rechts zum Seestüberl **11** und am Campingplatz vorbei

Richtung Fisching leitet. Beim Ortsschild Fisching **02** stoßen wir auf den Hinweg, dem wir rechts bis zum See folgen. Wir biegen aber nicht rechts ab, sondern bleiben auf den schmalen Pfaden, die am Ufer entlang und zu schönen Badebuchten führen. Über eine Brücke gelangen wir wieder auf den Hinweg, machen kurz darauf nochmals einen Schlenker nach rechts, bevor wir auf dem Seerundweg dann zurück zum Parkplatz Seeteufel **01** gelangen.

Dein Moment für die Ewigkeit

Morgenlicht

Nichts für Langschläfer, aber das Morgenlicht birgt einen ganz besonderen Zauber; mit einem Feuerwerk an unterschiedlichen Licht- und Farbstimmungen. Kundschafte deinen Aufnahmeort aber lieber schon am Vortag im Hellen aus, damit du bei Sonnenaufgang an der richtigen Stelle stehst.

29 Voralpine Urlandschaft – Schönramer Filz

Einen mehr als schönen Rahmen geben Hochstaufen und Zwiesel für das Schönramer Filz ab. Moor, Wasser, Wald und Berge formen zusammen ein Landschaftsbild, das es in solcher Ursprünglichkeit wohl nur im oberbayerischen Alpenvorland gibt.

Bilder von: **Sabrina von Bein**
@die_raubritterin

Schönramer Filz

Tourencharakter
Informativer und erholsamer Moorrundweg auf schönen Naturwegen und Waldpfaden.

Start und Ziel
Schönram, Parkplatz gegenüber der Brauerei Schönram und dem Bräustüberl, neben der Laufener Straße (St 2103).

Schwierigkeit: **leicht** - mittel - schwer
Dauer: **2:00 h**
Länge: **6,3 km**
Aufstieg **25 hm**
Abstieg **25 hm**

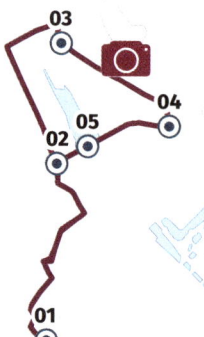

Höhenlinienmodell mit Streckenverlauf

Höhenprofil

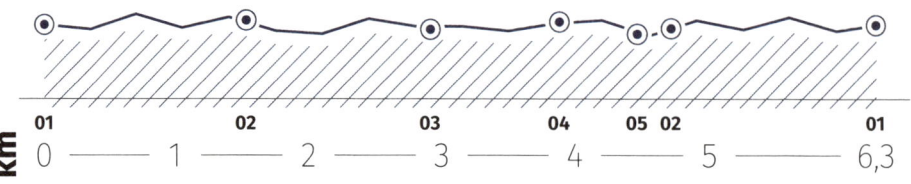

Märchenhafte Stimmung am Schönramer Moorweiher.

Das Moor war eine Landschaft, in der Erhabenheit und Schönheit mit dem Grauen einer trostlosen Öde dicht nebeneinander wohnten.

Heinrich August Rudolf Grisebach, deutscher Botaniker (1814–1879)

Grandiose Ganzjahrestour durch eine herrliche Filz-, Moor- und Heidelandschaft: Informativ, aussichtsreich, bequem und mit einem traditionsreichen Gasthaus am Start- und Zielpunkt.

▶ Vom Parkplatz in Schönram **01** gegenüber der Landbrauerei Schönram und ihrer Brauereigaststätte „Bräustüberl" starten wir unsere Tour. Vor dem Bräustüberl folgen wir rechts der Salzburger Straße auf dem Gehweg, bis nach ca. 150 m, bei den letzten Häusern, rechts der asphaltierte Heideweg abzweigt, ein schmales, etwas verstecktes Sträßchen.

Nach den letzten Häusern geht das Sträßchen in einen nicht asphaltierten Landwirtschaftsweg über und bringt uns über freies Wiesengelände in einer Rechtskurve Richtung Wald. Am Waldrand stoßen wir auf eine Verzweigung, der wir links (Heidewanderweg P2) folgen. Nach wenigen Metern biegen wir scharf rechts auf einen schmalen Pfad in den Wald ein. Der schattige Pfad schwenkt wenige Meter später nach links ab (Schild P2), leitet über einen meist trockenen Bachlauf und schlängelt sich dann herrlich durch Bäume und Gebüsch. Wir treffen auf einen kreuzenden Kiesweg, der als Radweg markiert ist, und folgen ihm links.

Der Hochstaufen gibt einen würdigen Hintergrund für das Schönramer Filz ab.

Bald tauchen bei einer Lichtung rechts Holzhütten auf, die wir umrunden, um dann in einem Rechtsbogen wieder in den Wald einzubiegen. Hier erreichen wir die Verzweigung **02** mit dem Schönramer Moorerlebnisweg. Wir schwenken links in den breiten, mit Rindenstücken ausgelegten und schnurgeraden Weg durch das Filz.

Kurz bevor wir ein gekiestes Sträßchen erreichen, biegen wir scharf rechts ab (Schild Moorerlebnisweg), bleiben auf einem Na-

Dein Moment für die Ewigkeit

Naturschutz hat Vorrang

Ehrensache für WanderInnen und FotografInnen. Beim Fotografieren bist du oft an wunderschönen und schützenswerten Orten, verhalte dich also nicht nur in ausgeschilderten Naturschutzgebieten rücksichtsvoll. Lass nichts zurück und nimm nichts mit außer Fotos.

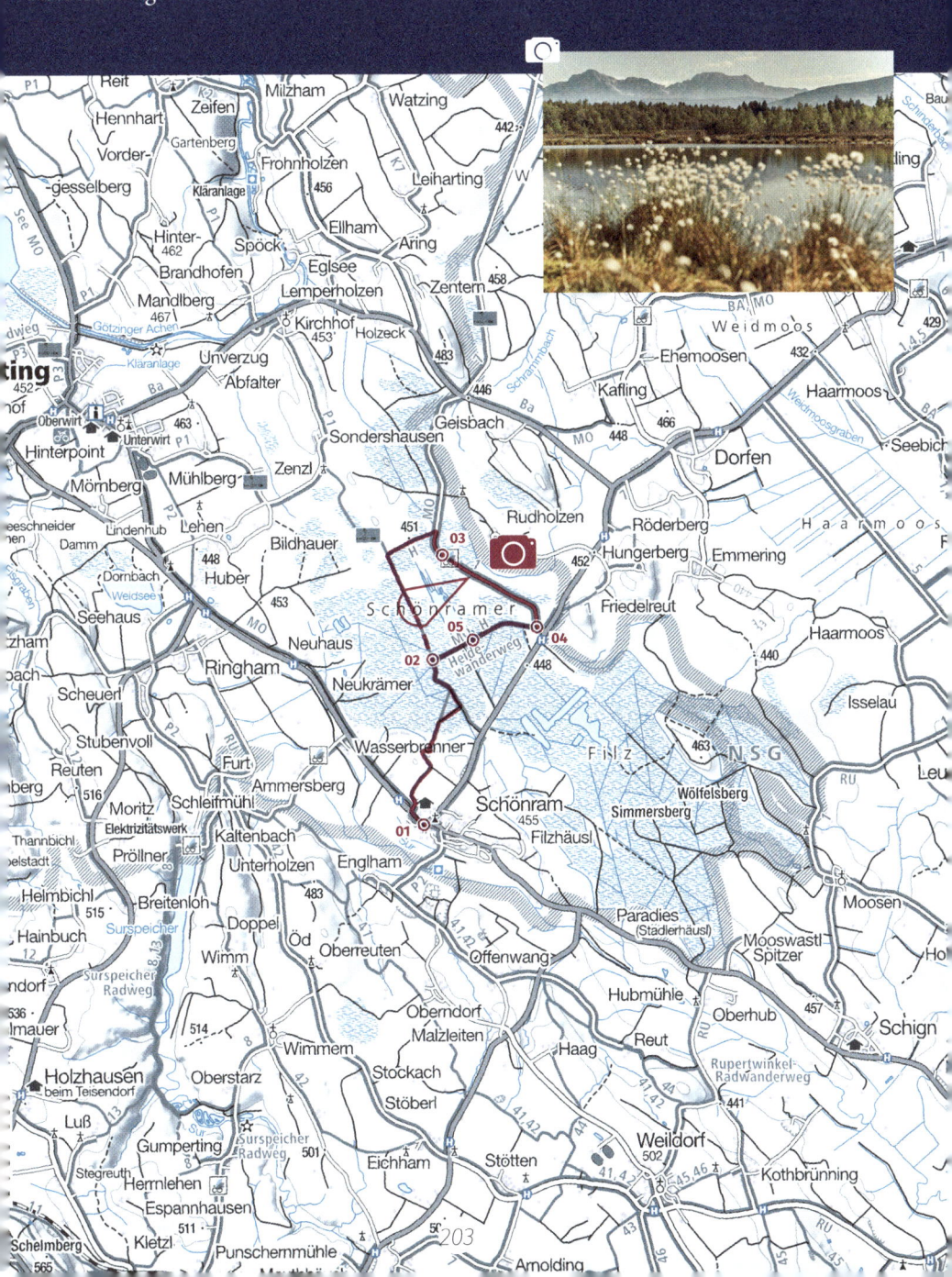

turpfad und folgen am Waldrand einem kleinen Bächlein. Bald passieren wir im Wald eine Holzskulptur und folgen dann an einem Wegkreuz dem Schönramer Moorerlebnisweg nach rechts.

Vorbei an einer hölzernen Aussichtshütte **03** mit Infotafel, einem Aussichtspfad ins Filz 📷 sowie einer weiteren Aussichts-

stelle mit Sitzbank und Infotafel bringt uns der Weg zum großen Wanderparkplatz Heidewanderung **04** mit seiner interessanten Infotafel-Spirale. Nach rechts ist der auch als Radweg markierte Weg Richtung Schönram ausgeschildert. Bald taucht rechts der große Moorsee **05** mit einer weiteren Infotafel auf. Ein paar Meter weiter können wir uns plastische Ein-

drücke von der hier einst üblichen Art des Torfstechens verschaffen.

Wir erreichen wenig später wieder die Verzweigung **02** vom Hinweg und verlassen den Moorrundweg nach links zu den leicht erhöhten Hütten. Beim Rückweg achten wir auf den alten Jägerstand links am Weg, denn kurz darauf, direkt in Höhe des Rad-

wegschildes, biegen wir scharf rechts auf den schmalen Waldpfad ab. Die Markierung P2 ist hinter dem Baum etwas ungeschickt angebracht.

Nun folgen wir dem bekannten Hinweg zurück zum Ausgangspunkt in Schönram **01** und lassen die Tour im Bräustüberl ausklingen.

30 Der lange Grat: Hochstaufen – Zwiesel

Diese Überschreitung mehrerer Gipfel ist so etwas wie der Jubiläumsgrat der Voralpen. Wer auf diesem luftigen Höhenritt souverän und freudvoll unterwegs ist, empfiehlt sich für höhere Berge der Kalk- und Zentralalpen.

Bilder von: **Michael Perschl**
@perschl_miche

Hochstaufen 1771 m, Mittelstaufen 1618 m, Zwiesel 1782 m

Tourencharakter
Lange und fordernde Bergtour, klettersteigähnliche Passagen im Anstieg zum Hochstaufen und beim Übergang vom Mittelstaufen zum Zwiesel.

Start und Ziel
Inzell, Adlgaß, 805 m.

Schwierigkeit: leicht - mittel - **schwer**
Dauer: **7:30 h**
Länge: **13,5 km**
Aufstieg **1227 hm**
Abstieg **1227 hm**

Höhenlinienmodell mit Streckenverlauf

Höhenprofil

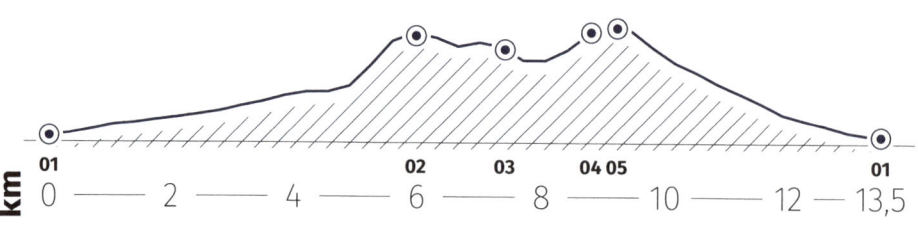

Der freundliche Gipfel des Mittelstaufens lädt zur Brotzeit ein.

Was du für den Gipfel hältst, ist nur eine Stufe.

Seneca, römischer Dichter und Philosoph (um 1–65 n. Chr.)

Die Überschreitung der Staufengipfel ist eine Angelegenheit für Geübte und alpin Erfahrene – lang, anstrengend und mit einigen kniffligen Stellen, aber äußerst abwechslungsreich.

▶ Der Aufstieg von Adlgaß **01** zum Hochstaufengipfel **02** ⭕ enthält im oberen Teil bereits klettersteigähnliche Passagen, die uns einen Vorgeschmack auf das Weitere geben. Von unterwegs eröffnen sich sehr schöne Blicke zum Zwiesel hinüber und zum Grat, über den unser späterer Weg verläuft.

Nach dem Gipfelbesuch und einer Stärkung im Reichenhaller Haus führt der markierte Weiterweg in Serpentinen rechts hinab, via Westen (Schild: Rei-chenhall/Piding), später ziemlich am Grat entlang zum Mittelstaufen **03** hinü-ber. Vorher passieren wir die beschilderte Verzweigung, die uns auf die bevorste-henden Schwierigkeiten hinweist („Zwie-sel 2 Std., Klettersteig nur für Geübte") und wo uns ein Drahtseil den Weiterweg steil nach oben zeigt. Ein ständiges Auf und Ab folgt, mit steilen Rinnen, Fels-stufen und einigen ausgesetzten Passagen (Drahtseile, Eisenstifte und -griffe sind an den entscheidenden Stellen angebracht). Nach mühsamen, weil oft schottrigen Serpentinen erreichen wir als nächstes den latschenüberwachsenen Zennokopf **04**. Etwa 10 Minuten später folgt dann der links über einem Wiesensattel schon sichtbare Zwieselgipfel **05**.

Der Weiterweg führt zuerst fast eben, dann über zwei steilere Felsrinnen (mit Drahtseil versichert) hinab bis zu einer beschilderten Verzweigung, die uns rechts hinunter nach Adlgaß weist. Der Abstieg durch die Lat-schen ist teilweise steil (im Frühjahr sind oft noch Altschneefelder zu queren!) und verläuft über Schuttrinnen, wo auf sauberes Absteigen (Steinschlaggefahr!) zu achten ist. Nach dem sonnigen oberen Teil verläuft die zweite Hälfte des Abstiegs im kühlen-den Schatten und ist weit weniger schwie-rig. Zum Schluss wandern wir gemütlich auf Fahrwegen, die wir immer mal wieder über Wald- und Wiesenpfade abkürzen. Bei der abschließenden Einkehr im Gast-haus Adlgaß können wir unser vollbrachtes Tagwerk nochmals in aller Ruhe von unten begutachten.

Dein Moment für die Ewigkeit

Die besten Bilder erzählen eine Geschichte...

Personen, die in Bezug zueinander stehen, sich bewegen und miteinander reden erzeugen schnell eine Geschichte. Die Schönheit eines Bildes tritt schnell in den Hintergrund, wenn es keine Spannung erzeugt. Versuche etwas mit deinen Bildern zu erzählen. Hier transportieren die Personen sofort eine Stimmung und Geschichte an den Betrachter.

Wanderlexikon

Alles eine Frage des Verständnisses: Eine kurze Erklärung der wichtigsten Grundbegriffe rund ums Wandern und Bergsteigen.

Schwierigkeit: Die Einteilung erfolgt nach der Länge, der zu leistenden Höhenmeter und den technischen Ansprüchen der Tour.

Leicht: Einfache Wanderungen ohne besonderer Anforderungen und nötige Vorkenntnisse.

Mittel: Wanderungen mit zum Teil steilen Anstiegen oder kurzen ausgesetzten Stellen. Schlüsselstellen und Schwierigkeiten werden im Tourencharakter beschrieben. Eine grundlegende Ausdauer und Wandererfahrung wird vorausgesetzt.

Schwer: Lange und/oder anspruchsvolle Wanderungen und Bergtouren. Die Tour kann über steile und ausgesetzte Pfade führen. Gute Kondition, Trittsicherheit und Schwindelfreiheit sind je nach Charakter der Tour erforderlich.

Leichte Kletterei: Schwindelfreiheit und feste Bergschuhe sind erforderlich. Diese Passagen sind nur unter Zuhilfenahme der Hände zu bewerkstelligen.

Seilversichert: Schlüsselstellen sind mit (zumeist) verankerten Stahlseilen gesichert.

Markierter Wanderweg: Ausgeschilderter und zumeist nummerierter Wanderweg. Die Wegenummern werden in der Tourenbeschreibung und in der Karte aufgegriffen.

Variante: Vorschlag die Tour zu erweitern oder ein alternativer Routenverlauf.

Weiter wandern

Auf den Geschmack gekommen? Das Chiemgau bietet ein wahres Füllhorn attraktiver Spaziergänge, Wanderungen und Bergtouren. Hier findest du nützliche Infos und Adressen.

KOMPASS-Wanderkarten

Wanderkarte 792 Chiemsee, Simssee
Wanderkarte 10 Chiemsee, Chiemgauer Alpen
Wanderkarte SalzAlpenSteig – Chiemsee – Königssee – Hallstätter See

KOMPASS-Wanderführer

Wanderführer 5436 Chiemgauer Alpen
Wanderführer 5431 SalzAlpenSteig
Wanderführer 5449 Chiemsee zwischen Rupertiwinkel, Simssee und Kampenwand

Touristische Informationen

Chiemgau Tourismus e.V.
Stadtplatz 32
D-83278 Traunstein
Telefon +49 (0)861 - 90 95 90-0
E-Mail: urlaub@chiemsee-chiemgau.info
www.chiemsee-chiemgau.info

Chiemsee-Alpenland Tourismus GmbH & Co. KG
Felden 10
D-83233 Bernau am Chiemsee
Telefon +49(0)8051 96555-0
Telefax +49(0)8051 96555-30
E-Mail: info@chiemsee-alpenland.de
www.chiemsee-alpenland.de

Deine Orientierung

Für das Navigationsgerät deiner Wahl haben wir alle Touren als GPX-Track zum Download.

Du planst und navigierst lieber digital? Dafür haben wir alle Touren auf unserer Webseite für dich

www.kompass.de/gpx

Damit kommst du direkt zum Download-Bereich. Einfach das richtige Produkt auswählen, herunterladen und auf das Zielgerät oder in die gewünschte App importieren.

GPX-Track

GPX ist ein Datenformat für Geodaten. Mit einem GPX-Track bekommst du die rote Linie, also den Pfad, als geografische Koordinaten.

Impressum

© KOMPASS-Karten GmbH, Karl-Kapferer-Straße 5, A-6020 Innsbruck
1. Auflage 2022 (22.01)   Verlagsnummer 1310
ISBN 978-3-99121-308-6

Konzept und Bildnachweis

Konzept und Gestaltung: Thomas Kargl
Projektleitung: Miriam Weber
Text und Fotos (soweit nicht anders angegeben): KOMPASS-Karten
Titelbild: Dürrnbachhorn von Michael Perschl
Grafische Herstellung: KOMPASS-Karten
Kartografische Darstellung: © KOMPASS-Karten GmbH unter Verwendung OpenStreetMap Contributors (www.openstreetmap.org)
Bildnachweis aufgelistet mit der Seitenzahl nach Fotografen:
Sabrina von Bein: 1, 4/5, 18, 35-38, 46-50, 78-88, 102-118, 186-189, 198-205, 212/213, 213; Michael Perschl: 2/3, 18/19, 25, 90-100, 96-101, 120-124, 132-148, 157-184, 192-196, 206-210, 212, 215; Lennart Artinger: 52-76; Thomas Kargl: 127-130, 151-154; Florian Wimmer und Melanie Haas: 28–33; Richard Scheuerecker: 41-44; Stephan Bernau: 19; Fabian Künzel: 21-22;

Alle Angaben und Routenbeschreibungen wurden nach bestem Wissen gemäß unserer derzeitigen Informationslage gemacht. Die Wanderungen wurden sehr sorgfältig ausgewählt und beschrieben, Schwierigkeiten werden im Text kurz angegeben. Es können jedoch Änderungen an Wegen und im aktuellen Naturzustand eintreten. Wanderer und alle Kartenbenützer müssen darauf achten, dass aufgrund ständiger Veränderungen die Wegzustände bezüglich Begehbarkeit sich nicht mit den Angaben in der Karte decken müssen. Bei der großen Fülle des bearbeiteten Materials sind daher vereinzelte Fehler und Unstimmigkeiten nicht vermeidbar. Die Verwendung dieses Führers erfolgt ausschließlich auf eigenes Risiko und auf eigene Gefahr, somit eigenverantwortlich. Eine Haftung für etwaige Unfälle oder Schäden jeder Art wird daher nicht übernommen. Für Berichtigungen und Verbesserungsvorschläge ist die Redaktion stets dankbar.
Erzähl uns von deinen Abenteuern auf Instagram und Facebook mit:

#folgedeinemKOMPASS

*#folgedeinem**KOMPASS***